ALTERIERTE SKALEN FÜR JAZZ-SOLOGITARRE

Beherrsche das Vokabular der alterierten, verminderten und Ganzton-Skalen für innovatives Solospiel

MIKE STERN

Mit Tim Pettingale

FUNDAMENTAL**CHANGES**

Alterierte Skalen für Jazz-Sologitarre

Beherrsche das Vokabular der alterierten, verminderten und Ganzton-Skalen für innovatives Solospiel

ISBN: 978-1-78933-355-8

Veröffentlicht von **www.fundamental-changes.com**

Copyright © 2020 Mike Stern

Mit Tim Pettingale

www.fundamental-changes.com

Über 13.000 Fans auf Facebook: **FundamentalChangesInGuitar**

Instagram: **FundamentalChanges**

Über 350 kostenlose Gitarrenlektionen mit Videos findest du unter

www.fundamental-changes.com

Titelbild Copyright: Andrés Castillo Martín, http://andrescastillofotografia.com

Mit besonderem Dank an:

Levi Clay und Daryl Kellie für die Transkription;

Edmond Gilmore für das Spielen des Basses/Aufnahme der Demotracks

Inhaltsverzeichnis

Einführung

Als ich als Gitarrist anfing, hörte ich eine Menge verschiedener Musik. Meine Plattensammlung war ziemlich vielseitig und enthielt natürlich viele Gitarristen, wie Jimi Hendrix, B.B. King, Buddy Guy, Eric Clapton mit Cream, Jeff Beck und Albert King, um nur einige zu nennen. Ich entdeckte, dass ich zu vielen dieser Platten einigermaßen gut mitspielen konnte und ich denke, ich habe als Gitarrist viel durch das Spielen nach Gehör gelernt.

Als ich anfing, zu den Jazz-Platten meiner Mutter mitzuspielen, merkte ich jedoch, dass es Lücken in meinen Spielfähigkeiten und musikalischen Kenntnissen gab und das Erlernen dieser Musik fiel mir nicht so leicht. Ich mochte diese Musik wirklich, also wollte ich wissen, wie man sie spielt, aber ich kam nicht weiter. Also begann ich sie genauer zu studieren - zunächst nur, um aus dem Trott auszubrechen - aber je mehr ich lernte, desto mehr liebte ich die Musik. Heute höre ich mir alles Mögliche aus dem Jazz-Genre an und es ist immer noch die Musik, von der ich am meisten lerne. Wes Montgomery und Jim Hall sind ein paar meiner Lieblingsgitarristen aller Zeiten.

Schließlich studierte ich dann ernsthafter am Berklee College of Music in Boston. Sie hatten ein großartiges Programm, das sehr klar strukturiert war, und ich arbeitete mich durch. Trotzdem dachte ich immer noch: „Ich werde nie in der Lage sein, flüssig Jazz zu spielen - es ist zu schwer!"

Damit begann eine lebenslange Reise, auf der ich Jazz-Standards studierte und lernte, wie man durch die Akkordwechsel spielt. Am Anfang schien es, als hätte ich einen riesigen Berg zu erklimmen, aber ich spornte mich selbst an und wurde allmählich besser. Wann immer ich auf ein Stück stieß, das schwierig zu spielen war, suchte ich nach einem noch schwierigeren Stück! Ich übe Stücke wie *„Giants Steps"* noch heute, weil es andere Stücke im Vergleich leicht erscheinen lässt.

Während meines Studiums war eines der nützlichsten Konzepte, die ich gelernt habe, wie ich alterierte Skalen in meiner Improvisation verwenden kann, so dass sie beim Spielen über reguläre Akkordprogressionen zum Leben erwachen und viel interessanter klingen. Wenn ich Privatschüler unterrichte, werde ich immer wieder gefragt, wie ich dissonante *(outside)* Linien spielen kann, damit sie natürlich und ungezwungen klingen. Ich werde auch oft gefragt, *welche* alterierten Skalen ich gerne verwende, um diesen Sound zu erreichen. In diesem Buch führe ich dich durch die wichtigsten Skalen, die ich für mein Vokabular verwende, und zeige dir, wie du jede einzelne verwenden kannst, um wirkungsvolle, melodische Phrasen aufzubauen.

Warum alterierte Skalen?

Seit Jahren passen Jazzmusiker die Akkordwechsel zu Standards an, indem sie die Qualität der Akkorde verändern. Abgesehen von Akkord-Substitutions-Ideen war die häufigste Idee, Akkorde in Dominant-Akkorde abzuwandeln. Der Grund dafür ist, interessantere Akkordtöne zu haben, mit denen man ein Solo spielen kann, und auch die Möglichkeit zu schaffen, alterierte Spannungsnoten über sie zu spielen. In diesem Buch werden wir uns auf die Dominantakkorde konzentrieren, die in den Sequenzen Dur II V I und Moll ii V i vorkommen, da diese die Grundbausteine fast aller Jazz-Standards sind.

Eines der wichtigsten Konzepte im Jazz ist die Idee von Spannung und Entspannung, die auf verschiedene Weise ausgedrückt werden kann:

Durch *Dynamik* - langsam und schnell, leise und laut.

Durch *rhythmische Variation* - wie z. B. intensive, dichte Notensequenzen und Passagen, die viel Raum lassen, oder Legato-Linien vs. intervallische Sequenzen usw.

Aber am häufigsten wird Spannung und Entspannung durch *Dissonanz* und *Konsonanz* (oder *outside*- und *inside* Spiel, wie es oft genannt wird) ausgedrückt. Einfach ausgedrückt bedeutet dies einfach, eine harmonische oder melodische Spannung zu erzeugen, die aufgelöst werden will.

In einer ii V7 I-Sequenz kann der dominante 7 V-Akkord alteriert werden, um reicher klingende Akkordtöne hinzuzufügen, die Spannung erzeugen. Z.B. die #5, b5, #9 oder b9. Auf dem Leadsheet für einen Jazz-Standard siehst du den V-Akkord oft nur als „7alt" geschrieben. Zum Beispiel:

| Em7b5 | A7alt | Dm7 |

„Alt" ist die Abkürzung für „alteriert" und bedeutet, dass du den A7-Akkord mit beliebigen Abwandlungen spielen kannst, z. B. A7b9, A7#5 oder sogar A7b5b9. Es wird uns nicht gesagt, was die spezifischen Alterationen sind - es liegt an uns, dies zu entscheiden. Die Frage, die sich die meisten Gitarristen dann stellen, lautet: *Welche Tonleiter soll ich über diesem Akkord spielen?*

Wir können alterierte Skalen auch verwenden, um über *nicht* alterierte V7-Akkorde zu solieren, um diese Spannungen in unseren Melodien zu *implizieren*. Die Verwendung von alterierten Skalen ermöglicht es uns, interessantere und spannungsreichere Linien durch die ii V I-Sequenz zu spielen und die gleichen vorhersehbaren Licks zu vermeiden.

In diesem Buch werden wir die vier wichtigsten Skalen erkunden, die ich verwende, um diese Dissonanz/ Konsonanz oder Spannung/Entspannung über dem V7-Akkord zu erreichen:

- Die alterierte Skala (aus der melodischen Molltonleiter)

- Die mixolydische b2b6-Skala (aus der harmonischen Molltonleiter)

- Die alterierte Skala (aus der symmetrischen verminderten Skala)

- Die Ganztonskala

Wir werden jede dieser Skalen der Reihe nach analysieren und du wirst lernen, welche Klangfarben jede von ihnen über ii V I-Sequenzen oder einen statischen alterierten Dominant-Groove erzeugt.

In jedem Kapitel erkläre ich, wie jede Skala funktioniert, und zeige dir dann eine Reihe von Übungen, die dir helfen, den Klang der Skala in deinen Ohren zu verankern. Du kannst diese Übungen zu einem Teil deiner Übungsroutine machen und über Jahre hinweg zu ihnen zurückkehren.

Ich werde viele Linien demonstrieren, die du sofort in dein Spiel übernehmen kannst, um dein melodisches Vokabular zu erweitern. Wir beginnen mit kürzeren viertaktigen Phrasen und gehen dann zu längeren Ideen über, die dir zeigen, wie du melodische Ideen entwickeln kannst. Am Ende jedes Kapitels gibt es längere Etüden, die zeigen, wie du alterierte Skalen nahtlos mit diatonischen Skalen mischen kannst, um interessante Soli zu bauen.

Ich hoffe, das Material hier bereichert dein Spiel und gibt dir viele neue Ideen, mit denen du arbeiten kannst. Vor allem aber wünsche ich dir viel Spaß mit deiner Musik.

Mike Stern
New York City

Hol dir das Audio

Die Audiodateien zu diesem Buch stehen unter **www.fundamental-changes.com** zum kostenlosen Download bereit. Der Link befindet sich in der oberen rechten Ecke. Klicke auf den Link „Gitarre" und wähle dann einfach diesen Buchtitel aus dem Dropdown-Menü aus und folge den Anweisungen, um die Audiodateien zu erhalten.

Wir empfehlen dir, die Dateien direkt auf den Computer und nicht auf das Tablet herunterzuladen und sie dort zu extrahieren, bevor du sie zur Medienbibliothek hinzufügst. Du kannst sie dann auf dein Tablet oder deinen iPod legen oder auf CD brennen. Auf der Download-Seite gibt es Anweisungen und wir bieten zusätzlich technische Unterstützung über das Kontaktformular.

Über 350 kostenlose Gitarrenlektionen mit Videos findest du hier:

www.fundamental-changes.com

Über 13.000 Fans auf Facebook: **FundamentalChangesInGuitar**

Tagge uns zum Teilen auf Instagram: **FundamentalChanges**

Kapitel Eins - Die alterierte Skala (Melodisch Moll)

Die alterierte Skala ist der siebte Modus der melodischen Mollskala und wird manchmal auch als superlokrische Skala oder alterierte Dominantskala bezeichnet.

Eine einfache Möglichkeit, sich diese Skala vorzustellen, besteht darin, sie als eine mixolydische Skala zu betrachten, bei der alle nicht definierenden Akkordtöne alteriert wurden, indem sie sowohl erhöht *als auch* erniedrigt wurden.

Schauen wir uns diese Idee einmal an.

Wie du wahrscheinlich weißt, ist G Mixolydisch der fünfte Modus in der Tonart C-Dur und alle Noten klingen gut, wenn sie über einen G7-Akkord gespielt werden:

G Mixolydisch:

G	A	B	C	D	E	F
Grundton	9.	3.	11.	5.	13.	b7.

Wenn du die G-Alterierte Skala mit der G-Mixolydischen Skala vergleichst, wirst du sehen, dass die Intervalle 5. und 9. sowohl erniedrigt als auch erhöht wurden. Die G-Alterierte Skala hat nicht mehr die natürliche 5. (D) eines G7-Akkords, aber der Grundton, die 3. und die 7. Akkordtöne bleiben gleich (der Grundton, die 3. und die 7. können nicht alteriert werden, ohne die Qualität des Akkords zu verändern, aber jeder andere Ton kann alteriert werden, indem er um einen Halbton erhöht oder erniedrigt wird).

G Alteriert:

G	Ab	Bb	B	Db	Eb	F
Grundton	b9	#9	3.	b5	#5	b7.

Tatsächlich enthält die G-Alterierte Skala drei Akkordtöne des G7-Akkords (Grundton, 3. und b7 - G, B und F) und *jede einzelne alterierte Spannungsnote,* die du zu einem G7 hinzufügen kannst.

Du kannst die gesamte Tonleiter über einem G7-Akkord spielen und jede einzelne Spannungsnote verwenden, oder du kannst die spezifischen Spannungen, die du hinzufügen möchtest, „herauspicken". Wenn du zum Beispiel eine melodische Linie spielst, die eine Eb-Note enthält, *implizierst* du, dass die zugrunde liegende Harmonie G7#5 ist.

Wenn du Eb- und Ab-Noten einbeziehst, erzeugst du eine G7#5b9-Spannung und so weiter.

Unten siehst du ein typisches G7-Akkord-Voicing, gefolgt von einer üblichen Spielweise der G-Alterierten Skala am 3. Bund. Der Akkord wird als G7b13 geschrieben und enthält nur eine alterierte Note (Eb), die, wie du aus der obigen Tabelle ersehen kannst, die #5 ist.

Es lohnt sich, daran zu denken, dass Alterationen der 5. eines Akkords zwei Namen haben können.

Die #5 ist die gleiche Note wie die b13

Die b5 ist die gleiche Note wie die #11

Spiele den G7b13-Akkord und dann das Skalenmuster auf- und absteigend durch. Höre dir den Klang der einzelnen Skalenintervalle gegen den Akkord genau an. Wenn du über ein Freeze/Loop-Effektpedal verfügst, erstelle einen Loop des statischen Akkords, über den du spielst. Du werden schnell hören, wie die Skala diesen alterierten Akkord perfekt umreißt.

Spiele als Nächstes die G-Alterierte Skala über einem *nicht* alterierten G7-Akkord. Du wirst hören, wie die alterierten Spannungen hinzugefügt werden können, obwohl sie nicht im Akkord vorhanden sind.

NB: Für diese erste Übung gibt es kein Audio.

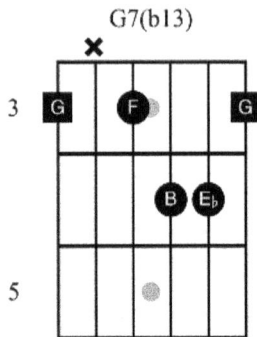

G- Alterierte Skala – dritte Position

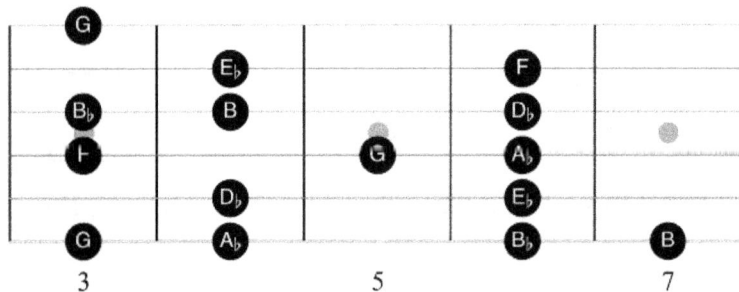

Vom Grundton aus denken

Wir haben gesehen, dass die G-Alterierte Skala als eine bekannte G-Mixolydische Skala betrachtet werden kann, bei der jeder Nicht-Akkord-Ton alteriert wurde.

Viele Jazz-Spieler betrachten die alterierte Skala jedoch als eine melodische Molltonleiter, deren Grundton einen Halbtonschritt über dem Akkord liegt, über den sie spielen. Hier ist zum Beispiel eine ii V I-Progression in C-Dur:

| Dm9 | G7alt | Cmaj7 |

Manche Spieler improvisieren über den G7alt-Akkord und *denken* dabei an die Ab-Melodisch Moll Skala (die melodische Moll-Skala, die sich einen Halbton über G befindet). Die Logik ist, dass beide Tonleitern die gleichen Noten enthalten, so dass dies als Abkürzung zum Zugriff auf die Noten der G-Alterierten Skala gesehen wird.

Es stimmt zwar, dass die Noten der G-Alterierten und der Ab-Melodisch Moll Tonleiter identisch sind, aber ich favorisiere diesen Ansatz nicht, weil er bedeutet, dass man beim Solospiel an Ab-Moll statt an die G-Dominante *denkt*.

Das Denken an eine überlagerte melodische Molltonleiter statt an den eigentlichen Akkord/die eigentliche Tonleiter führt einen unnötigen zusätzlichen Schritt in unserem Denkprozess ein. Aber das ist nicht der einzige Grund, warum du Skalen von ihrem Grundton her lernen solltest. Nur weil du zum Beispiel die C-Dur-Tonleiter spielen kannst, bedeutet das nicht, dass du jeden der sieben Modi in- und auswendig kennst, denn jeder hat seinen eigenen Charakter und seine eigene Farbe. Das Erlernen der Modi von ihrem Grundton aus hilft uns, diese Farbe zu erfassen, ebenso wie der Aufbau unserer Linien um ihre Akkordtöne herum.

Die Betrachtung der G-Alterierten Tonleiter von ihrem Grundton aus hilft uns auch, uns ihre Intervalle auf dem Hals einzuprägen und zu visualisieren, was wiederum das Transponieren in andere Tonarten viel einfacher macht. Wenn du zum Beispiel die G-Alterierte Tonleiter spielst, kannst du sehen, dass nach dem Grundton das erste Intervall ein Halbtonschritt ist, was die b9 ist; die nächste Note ist ein Ganztonschritt, was die #9 ist, und so weiter.

Wenn du die alterierte Skala als eigenständige *Skala, Form* und *Klang* siehst, wirst du verstehen, wo diese Intervalle im Verhältnis zu jedem Dominantakkord stehen. Ich ermutige alle meine Schüler, alle modalen Skalen vom Grundton aus zu lernen, da dies ihnen wirklich hilft, den Klang der Skala in Bezug auf den Akkord zu verstehen.

Die Skala durchdringen

Übungen können sich manchmal ein wenig unmusikalisch anfühlen und es ist verlockend, sie zu überspringen und direkt zum Lernen von Licks überzugehen. Das Erlernen von Licks ist natürlich großartig und ein wichtiger Teil der Erweiterung deines musikalischen Vokabulars, aber *sinnvolle* Skalenübungen helfen wirklich, sowohl den *Klang* als auch die physische *Geografie* der Skala in deinem Kopf und deinen Fingern zu verankern.

Wenn wir eine gesprochene Sprache lernen, tun wir das, indem wir andere kopieren und die Laute, die sie machen, imitieren und ihnen eine Bedeutung beimessen. Aber später, um die Sprache wirklich zu beherrschen, müssen wir mehr darüber verstehen, wie eine Sprache *funktioniert*, damit wir diese Sprache effektiv verwenden können.

Skalenübungen sind genau wie das Konjugieren von Verben! Beherrsche sie und sie geben dir die Fähigkeit, deine eigenen musikalischen Sätze zu schreiben. Wenn du in der Lage bist, Tonleiterpassagen zu spielen, die z. B. auf 6er- oder 7er-Intervallen basieren, ohne nachzudenken, bedeutet das, dass du die Tonleiter gründlich kennst - und diese Übungen können trotzdem sehr musikalisch klingen. Wann immer ich eine Tonleiter lerne oder übe, zerlege ich sie immer in Intervalle.

Wenn wir eine Tonleiter in- und auswendig kennen, können wir kreativer sein, denn keine Note ist „verboten", also lohnt es sich immer, diese Grundlagenarbeit zu leisten. Wir werden hier einen Teil dieser Arbeit leisten, um uns mit der Geografie der G-Alterierten Tonleiter vertraut zu machen, bevor wir uns daran machen, melodische Linien mit ihr zu erzeugen.

Spiele zunächst die G-Alterierte Skala aufsteigend und absteigend nur auf der hohen E-Saite.

Beispiel 1a

Spiele als nächstes die Tonleiter aufsteigend/absteigend auf der G-Saite.

Beispiel 1b

Übertrage nun die Skala auf die B-Saite, aber spiele sie diesmal vom tiefsten verfügbaren Skalenton aus (der offenen B-Saite) und steige so hoch wie möglich auf deiner Gitarre auf, bevor du die Skala absteigst. Ich habe bei Bund 20 aufgehört.

Beispiel 1c

Ich werde die Tonleiter nicht auf jeder Saite durchbuchstabieren, aber du solltest die Tonleiter auf jeder einzelnen Saite üben, gespielt von den tiefsten bis zu den höchsten verfügbaren Noten.

Jetzt, wo du anfängst, dich mit dem Klang der Tonleiter vertraut zu machen, möchte ich dir einige einfache Licks zeigen, die du sofort zu deinem Vokabular hinzufügen kannst.

Wenn du mit einer neuen Tonleiter arbeitest, ist es gut, mit einigen recht grundlegenden Ideen zu beginnen, bevor du sie ausbaust. In den folgenden Licks versuche ich nur, den Klang der alterierten Skala in Takt zwei zu umreißen, um ihre Essenz in nur wenigen Noten zu erfassen.

Wir spielen über die Dur ii V I-Progression in der Tonart C-Dur: Dm7 - G7 - Cmaj7.

Wenn du diese Linien lernst, solltest du einen *zellularen* Ansatz verfolgen, um dein Vokabular an alterierten Spannungsideen aufzubauen. Mit anderen Worten, präge dir jeweils eine Phrase ein und verwende sie sofort in deinem Spiel. Probiere die Phrase in verschiedenen Tonarten und über verschiedene Stücke, die du kennst.

Höre dir zuerst die Audiobeispiele an und, nachdem du die Linien selbst spielst, isoliere die Linie über dem G7-Akkord. Spiele eine beliebige Art von G7alt-Akkord, dann die Linie, und höre auf die Wirkung, die sie hat.

Beispiel 1d

Beispiel 1e

Beispiel 1f

Beispiel 1g

Der nächste Schritt zur Beherrschung der Tonleiter besteht darin, daran zu arbeiten, den Klang ihrer Intervalle zu verinnerlichen.

Wenn du eine beliebige Note in einer Tonleiter spielst, ist es wichtig, dass du dir vorstellen kannst, wo sich die anderen Intervalle im Verhältnis zu dieser Note befinden. In den folgenden Übungen steckt ziemlich viel Arbeit und es mag im Vergleich zum Erlernen von Licks mühsam erscheinen, aber wenn du diesem Prozess etwas Zeit widmest, wird er dir helfen, aus der Falle des ziellosen Auf- und Ablaufens von Skalenmustern auszubrechen.

Wir werden nun die Skala in größer werdenden intervallischen Sprüngen lernen. Die folgenden Übungen basieren auf dieser Anordnung der G-Alterierten Skala in zwei Oktaven:

G Altered Scale 10th position

Beispiel 1h

Beispiel 1i verwendet dieses Muster, um die Tonleiter in Terzen, aufsteigend und absteigend zu spielen.

Beispiel 1i

Spiele nun die Tonleiter in Quarten durch, sowohl aufsteigend als auch absteigend.

Beispiel 1j

Beispiel 1k demonstriert die in Quinten gespielte Tonleiter.

Beispiel 1k

Wenn wir in größere Intervalle wie Sexten und Septimen kommen, wirst du hören, dass diese natürlicherweise einen geräumigeren, offeneren Klang haben. Diese Intervalle sind beim Solospiel nützlich, um interessantere Linien zu erzeugen, die uns helfen, den vorhersehbaren Skalenmustern zu entkommen, in die man so leicht verfallen kann.

Hier ist die Skala in Sexten gespielt.

Beispiel 1l

Und schließlich, in Septimen.

Beispiel 1m

Wenn du diese Übungen durchgearbeitet hast (die auch gut für die Koordination der Greif-/Spielhand sind) und ein gutes Verständnis für den *Klang* der Intervalle hast, ist es an der Zeit, einige angesagte, modern klingende intervallische Licks zu komponieren.

Beispiel 1n verwendet ein Quinten-Intervall, um eine Pedaltonphrase in Takt 2 zu erzeugen.

Beispiel 1n

Das nächste Beispiel überrascht den Hörer durch die frühe Einführung des alterierten Klangs. Alle Noten, die über dem Dm7-Akkord gespielt werden, stammen aus der G-Alterierten Skala.

Beispiel 1o

Hier ist eine längere Linie, die im sechsten Takt Quarten verwendet, um ein kantig klingendes Lick zu erzeugen.

Beispiel 1p

Beispiel 1q ist eine weitere Linie, die schon früh Spannung über dem Dm7-Akkord aufbaut und einige Quarten-Intervalle enthält.

Beispiel 1q

Der Schlüssel zum Aufbau des Outside-Inside-Spiels ist es, eine Spannung zu erzeugen, die schließlich aufgelöst wird. In Beispiel 1r beginnt die Spannung in Takt eins mit einer angespannt klingenden Notenfolge über Dm7 und das absteigende Muster setzt sich in Takt zwei fort. In Takt drei wird die Spannung über dem Cmaj7-Akkord aufgelöst.

Beispiel 1r

Wir können Skalen verwenden, um intervallische Muster zu erzeugen, die wie eigenständige musikalische Phrasen klingen. Eine großartige Übung, die ich gerne verwende, ist das „one-up, one-down" Pattern. Ich zeige dir, wie das mit einigen der Intervalle funktioniert, und du kannst den Rest in deiner Übungszeit erkunden.

Hier ist G-Alterierte Skala aufsteigend in Terzen, als „one-up, one-down" („eine-hoch und eine-runter") gespielt.

Um das „one-up, one-down" Pattern zu spielen, beginne auf der ersten Note der Tonleiter und steige eine 3. (Terz) auf. Spiele die nächste Tonleiter-Note darüber und gehe dann eine 3. abwärts. Spiele nun die nächste Tonleiter-Stufe darüber und steige wieder um eine 3. auf, und so weiter. Wenn du am oberen Ende der Tonleiter angelangt bist, kehre das Muster um, um abwärts zu spielen.

Dies ist leichter zu hören und in der Notation zu sehen, also höre dir das Audiobeispiel an und arbeite das folgende Beispiel langsam durch.

Beispiel 1s

Hier ist das gleiche melodische Muster, aber dieses Mal in Sexten in einem höheren Register gespielt.

Beispiel 1t

Dieser Prozess lehrt unsere Finger und Ohren skalische Muster, die schließlich die Grundlage für melodische Linien beim Solospiel bilden. Ich mag es, die Dinge zu mischen und Intervallsprung-Ideen sowie One-Up-One-Down-Bewegungen zu verwenden.

Hier ist eine eher skalenbasierte Idee, die ein aufsteigendes „1234"-Muster hat. Das Muster steigt vier Noten in der Skala aufwärts und springt dann zurück zur zweiten Note der Sequenz (Ab). Es steigt dann weitere vier Tonleiterstufen auf und springt wieder zurück, usw. So klingt das in den unteren Lagen.

Beispiel 1u

Beispiel 1v führt einen Intervallsprung von einer 3. (Terz) in das vorherige Muster ein. Anstatt die Skala 1234 zu spielen, spielen wir ein 1235-Muster. Diesmal spielst du drei Noten in der Skala nach oben und springst eine 3. nach oben, anstatt die 4. zu spielen. Versuche dies aufsteigend und absteigend.

Beispiel 1v

Längeres Vokabular

Jetzt hast du einige Patterns und intervallische Ideen unter den Fingern. Lass uns nun beginnen, einige längere Linien mit der alterierten Skala zu bauen.

Beispiel 1w fügt ein paar Durchgangsnoten in die G-Alterierte Skala ein, um einen 1/16-Notenlauf zu erzeugen.

Beispiel 1w

Die nächste Idee bewegt sich stufenförmig abwärts. Die alterierte Spannung beginnt früh, löst sich aber kurz vor dem Cmaj7-Takt auf.

Beispiel 1x

Diese längere Linie verwendet nur ein paar alterierte Skalentöne als Teil eines Pedaltons in Takt zwei, um Spannung und Bewegung zu erzeugen.

Beispiel 1y

In Takt zwei von Beispiel 1z imitiere ich die Phrasierung von Takt eins, um die Ideen miteinander zu verbinden. Achte auf die schnellere 1/16tel-Notenlinie in Takt fünf. Wenn du diese Licks lernst, solltest du sie anfangs immer langsam spielen und dir die *Form* der Linie einprägen, bevor du schneller wirst. Andernfalls wirst du sie schneller spielen, aber schlecht!

Beispiel 1z

Hier ist eine weitere lange G-Alterierte Skala Idee.

Beispiel 1z1

Die nächste Linie ist ein bisschen anspruchsvoller!

In Takt fünf spiele ich eine Looping-Phrase über dem Dm7-Akkord, die ich in Takt sechs so anpasse, dass sie über den G7-Akkord passt. In Takt sechs ist die einzige Note der G-Alterierten Skala das Db (14. Bund), aber ihre Anwesenheit im Lick ist effektiv, um den alterierten Klang hervorzuheben, da sie das b5 des G7 hervorhebt.

Beispiel 1z2

Dreiklänge und Arpeggien

Diese intervallischen Muster betreffen die Art von Linien, die von Michael Brecker, Jerry Bergonzi und vielen anderen modernen Jazzspielern gespielt werden. Um diese Idee weiter zu erforschen, muss man als letztes Puzzleteil lernen, die Tonleiter in Dreiklänge und vierstimmige (Sept-)Arpeggien zu zerlegen. Die Dreiklänge und Arpeggien, die auf jeder Note der Tonleiter aufgebaut sind, sind allesamt starke „Strukturen", die wir zum Aufbau unserer Soli verwenden können - und da sie in Terz-Intervallen aufgebaut sind, helfen sie uns schnell, uns von ausschließlich skalischen Linien zu entfernen.

Dreiklänge und Sept-Arpeggios werden durch Harmonisierung der Skala erzeugt. Du bist wahrscheinlich mit diesem Prozess für Dur- und Molltonleitern vertraut, hast aber vielleicht noch nicht mit der alterierten Tonleiter gearbeitet. Erinnern wir uns zunächst an die Noten der Skala.

G Alteriert = G Ab Bb B Db Eb F

Die Tabelle unten zeigt die Dreiklänge, die aus der Tonleiter durch Stapeln von Noten in Terzen gebildet werden. Zum Beispiel bilden die Noten G Bb Db einen verminderten G-Dreiklang.

G	Ab	Bb	B	Db	Eb	F
G Dim	Abm	Bbm	B Aug	Db Maj	Eb Maj	F Dim
(G Bb Db)	(Ab B Eb)	(Bb Db F)	(B Eb G)	(Db F Ab)	(Eb G Bb)	(F Ab B)

Loope einen G7alt-Akkord und spiele die Dreiklänge auf- und absteigend wie im folgenden Beispiel gezeigt. Ein Dreiklang ist eine der einfachsten musikalischen Strukturen, die wir auf der Gitarre spielen können, aber er ist ein sehr wirkungsvolles Werkzeug für die Improvisation.

Beispiel 1z3

Wir können diese Strukturen auch als kleine Akkordformen beim Begleiten oder Solieren verwenden.

Beispiel 1z4

Lass uns nun G-Alteriert in Vier-Noten-Strukturen harmonisieren, um den folgenden Satz von Akkorden/ Arpeggien zu erzeugen.

G	Ab	Bb	B	Db	Eb	F
Gm7b5	Abm(Maj7)	Bbm7	BMaj7#5	Db7	Eb7	Fm7b5
(G Bb Db F)	(Ab B Eb G)	(Bb Db F Ab)	(B Es G Bb)	(Db F Ab B)	(Eb G Bb Db)	(F Ab B Eb)

Spiele jedes Arpeggio der Reihe nach aufsteigend durch. Beispiel 1z5 ist eine effiziente Art, die Arpeggios auf dem Hals anzuordnen, so dass die letzte Note jeder Form deine Greifhand in die richtige Position bringt, um das nächste zu beginnen.

Beispiel 1z5

Hier sind die Arpeggien absteigend.

Beispiel 1z6

Wir können *jeden* der oben genannten Dreiklänge oder Arpeggien über einem G7-Alt- oder G7-Akkord spielen. Schauen wir uns einige melodische Linien an, die Dreiklang/Arpeggio-Ideen enthalten.

In den ersten beiden Beispielen stammen die Noten in Takt 2 aus dem Bbm7-Arpeggio, das auf der 3. der G-Alterierten Tonleiter aufgebaut ist.

Beispiel 1z7

Beispiel 1z8

In Beispiel 1z9 umreißen die letzten vier Noten des zweiten Taktes das Arpeggio Fm7b5, das auf der b7 der G-Alterierten Tonleiter aufgebaut ist.

Beispiel 1z9

In der nächsten Linie wird das Fm7b5-Arpeggio über G7alt in Takt zwei erneut verwendet, aber dieses Mal wird es in einem anderen Bereich des Halses gespielt.

Beispiel 1z10

Diese Idee verwendet den auf der 4. aufgebauten übermäßigen B-Dreiklang, um einen G7alt-Klang zu umreißen.

Beispiel 1z11

In diesem Beispiel buchstabieren die letzten vier Noten der G-Alterierten Linie das Db7-Arpeggio, das auf dem b5 der alterierten Tonleiter aufgebaut ist.

Beispiel 1z12

Wir können so viele Arpeggios kombinieren, wie wir wollen. Die nächste Zeile kombiniert Db7- und Bbm7-Arpeggio-Noten über dem G7.

Beispiel 1z13

In Beispiel 1z14 verwendet die Linie auf dem G7-Akkord die Noten des Bmaj7#5-Arpeggios.

Beispiel 1z14

Wir haben nur an der Oberfläche dessen gekratzt, was in Bezug auf das Solieren mit Dreiklängen/Arpeggien möglich ist. Ich habe dir einen Teil meines Vokabulars gezeigt, aber du solltest mit verschiedenen Arpeggios experimentieren und die Ideen festhalten, die dich wirklich ansprechen.

Längere melodische Ideen entwickeln

Zum Abschluss dieses Kapitels habe ich ein 32-taktiges Solo gespielt, in dem ich viele der behandelten Ideen zusammenbringe. Hier findest du eine Mischung aus Skalenläufen, Arpeggien und intervallischen Ideen, die den Geschmack der alterierten Skala hervorheben.

Wenn du eine Phrase hörst, die dir gefällt, merke sie dir und verwende sie sofort für ein Solo über einen Jazz-Standard, an dem du gerade arbeitest. Übertrage sie dann auf eine andere Tonart oder einen anderen Bereich des Griffbretts, oder spiele sie in einer anderen Oktave. Auf diese Weise nimmst du sie viel schneller in deinen Wortschatz auf.

Beispiel 1z15

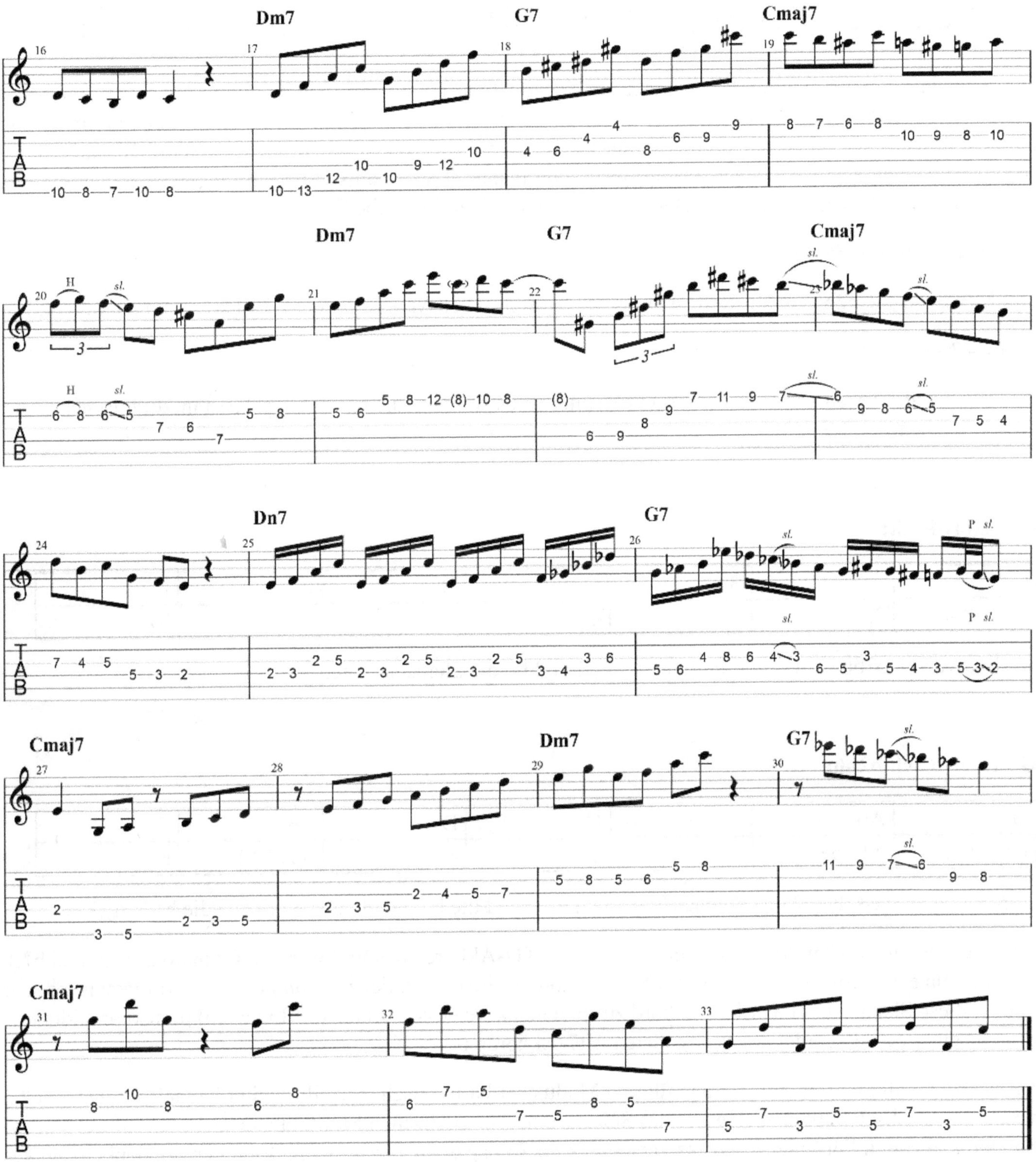
Dm7
G7
Cmaj7
Dm7
G7
Cmaj7
Dn7
G7
Cmaj7
Dm7
G7
Cmaj7

Kapitel 2 - Die mixolydische b2b6-Skala (Harmonisch Moll)

Diese Skala könnte den Preis für die meisten Pseudonyme gewinnen! Der berühmte Gitarrenlehrer Mick Goodrick bezeichnete sie immer als mixolydische b2b6-Skala und dieser Name blieb bei mir irgendwie hängen, deshalb bezeichne ich sie immer so. Im Berklee-Tonleitersystem wird sie als mixolydische b9b13-Skala bezeichnet, aber sie ist auch als phrygisch-dominante Skala, spanisch-phrygischer Modus oder einfach als Gypsy-Skala bekannt. Alle diese Begriffe beziehen sich auf dieselbe Skala.

Woher kommt die Skala?

Der Mixolydische b2b6 ist der fünfte Modus der harmonischen Molltonleiter und ist wie folgt aufgebaut:

1 - b2 - 3 - 4 - 5 - b6 - b7

Wie bei der alterierten Skala im vorherigen Kapitel ist es sinnvoll, sie mit der regulären mixolydischen Skala zu vergleichen.

G Mixolydisch:

G	A	B	C	D	E	F
Grundton	2.	3.	4.	5.	6.	b7

G Mixolydisch b2b6 hat bis auf die Intervalle b2 und b6 die gleichen Noten:

G Mixolydisch b2b6:

G	Ab	B	C	D	Eb	F
Grundton	b2 / b9	3.	4.	5.	b6 / b13	b7

(Denke daran, dass die b2 die gleiche Note wie die b9 und die b6 die gleiche Note wie die b13 ist).

Beachte, dass alle Akkordtöne, die zum Aufbau eines G7-Akkords benötigt werden (Grundton, 3., 5. und b7.), in der Skala enthalten sind, während das b2 (Ab) und b6 (Eb) zusätzliche *Farbtöne* liefern. Im Jazz ist es sehr üblich, diese Skala über einem 7b9-Akkord zu spielen, da sie dessen Klang (G B D F Ab) perfekt abbildet und der 7b9 einer der am häufigsten verwendeten Alt7-Akkorde ist.

Da es sich bei dieser Tonleiter um den fünften Modus der harmonischen Molltonleiter handelt, ist das Spielen von G Mixolydisch b2b6 dasselbe wie das Spielen einer harmonischen Molltonleiter in C, die auf der Note G beginnt und endet. Für Spieler, die dazu neigen, beim Solospiel an überlagernde Tonleitern zu denken, ist dies ein etwas größerer Gedankensprung als die Halbtonschritt-Bewegung der alterierten Tonleiter, daher empfehle ich wie immer, sie von ihrem Grundton aus zu lernen.

Hören wir uns zunächst an, wie diese Skala über einem G7b13-Akkord funktioniert. Die Skala enthält *jede* Note des Akkords. Spiele den Akkord, dann spiele die Skala auf- und absteigend in Position drei und höre dir den Klang der Intervalle über dem Akkord an.

G7(b13)

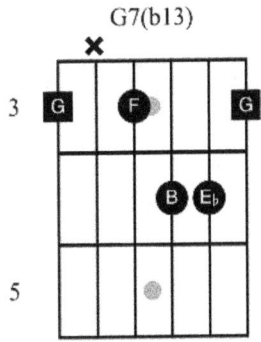

G Mixolydische b2b6-Skala – dritte Position

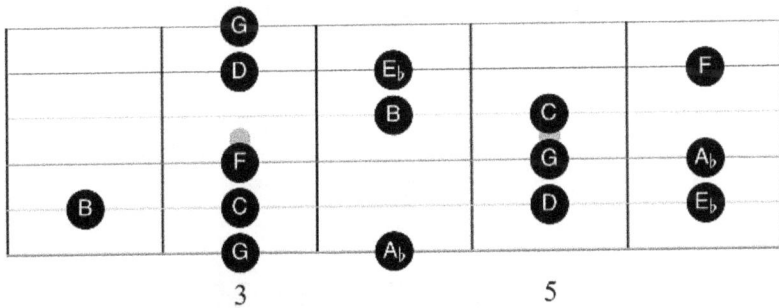

Beispiel 2a

Spiele nun Beispiel 2a noch einmal, aber dieses Mal über einem *nicht* alterierten G7-Akkord, um den Effekt der alterierten Farbtöne wirklich zu hören. Du wirst sofort verstehen, warum die Leute sie manchmal als „spanische" Tonleiter bezeichnen.

Die Skala durchdringen

Im vorherigen Kapitel habe ich dir eine Reihe von Übungen zum Erlernen der Tonleiter auf offenen Saiten gezeigt. Dies ist eine großartige Möglichkeit, um zu lernen, wie die Intervallschritte der Skala der Reihe nach funktionieren und du solltest diesen Vorgang für die mixolydische b2b6 während deiner Übungsstunden unbedingt wiederholen. Ich werde diese Übungen jetzt nicht durchbuchstabieren, aber du solltest sie selbständig bearbeiten.

Stattdessen erforschen wir den Klang dieser Skala, indem wir ein paar einfache Licks spielen, die ihren Klang umreißen. Diese geben dir einen Vorgeschmack auf das, was noch kommen wird. Dieses Mal spielen wir über eine Moll-ii-V-i-Progression in der Tonart c-Moll:

| Dm7b5 | G7 | Cm7 | % |

Auch hier solltest du einen zellularen Ansatz zum Lernen dieser Linien wählen. Isoliere die Linien, die über dem jeweiligen G7-Akkord gespielt werden, und präge dir diese Phrasen ein. Probiere sie im Kontext einiger Standards aus, die du regelmäßig spielst. Höre dir zuerst die Audiobeispiele an und spiele dann die folgenden Linien durch.

Beispiel 2b

Beispiel 2c

Beispiel 2d

Beispiel 2e

Nun kommen wir zu einigen Übungen, ähnlich denen in Kapitel 1, die dir helfen werden, den Klang der *Intervalle* der Tonleiter in deinen Ohren zu verankern. Wir werden die Skala in größer werdenden intervallischen Sprüngen durcharbeiten.

Zunächst ist hier G Mixolydisch b2b6 in Terzen um die dritte Bundposition gespielt.

Beispiel 2f

Spiele nun die Tonleiter in Quarten, auf- und absteigend.

Beispiel 2g

In Beispiel 2h wird die Tonleiter in Quinten gespielt.

Beispiel 2h

Für die verbleibenden zwei Intervalle der Skala gehen wir in das höhere Register und spielen die Skala auf der Grundlage dieser Form in Position zehn. Mache dich zunächst mit dieser neuen Form vertraut, indem du sie ein paar Mal auf und ab spielst.

G Mixolydian b2b6 Scale
10th position

Beispiel 2i (kein Audio)

Wenn du mit diesem Muster vertraut bist, versuche die letzten beiden Übungen. Hier ist G Mixolydisch b2b6 in Sexten gespielt.

Beispiel 2j

Und zuletzt, in Septimen.

Beispiel 2k

Inzwischen solltest du dich mit dem Klang der Skalenintervalle vertraut gemacht haben und wissen, wie sie auf dem Griffbrett angeordnet sind. Als Nächstes ist es an der Zeit, etwas mehr von dem Vokabular zu lernen, das ich mit dieser Skala über die Moll-ii-V-i-Sequenz entwickelt habe.

In diesem ersten Beispiel beginnt die einfache Linie über G7alt mit einem Quinten-Intervall, gefolgt von einer Sexte. Die hohe G-Note wirkt als Pedalton.

Beispiel 2l

Diese Linie basiert auf Sexten. Ich habe mich entschieden, das Muster in Takt drei fortzusetzen und für zusätzliche Spannung mixolydische b2b6-Tonleiternoten über dem Cm7-Akkord zu verwenden.

Beispiel 2m

Die kurze Phrase über G7alt im nächsten Beispiel verwendet Quarten.

Beispiel 2n

In Beispiel 2o ist die Phrase in Takt 2 um Terzintervalle aufgebaut.

Beispiel 2o

Hier ist ein längeres Beispiel, bei dem die Linien über den G7alt-Akkorden hauptsächlich mit Quarten aufgebaut sind.

Beispiel 2p

Nun kehren wir zu der Aufgabe zurück, den Klang der Skalenintervalle einzubetten, indem wir sie unter Verwendung der One-Up-One-Down-Muster spielen, die wir im vorherigen Kapitel gesehen haben. Diese Muster sind in der Regel schwieriger zu spielen als einfache intervallische Sequenzen und eignen sich gut, um zu testen, wie gut du die Skala *wirklich* kennst. Zuerst spielen wir G Mixolydisch b2b6 in Terzen, „one-up, one-down".

Beispiel 2q

Die Verwendung von Quarten-Intervallen ist ein einfacher Weg, um einen stärkeren *outside* Klang in deinem Solospiel zu erreichen. Die alterierten Töne in der mixolydischen b2b6-Skala machen den Klang von Quarten jedoch interessanter und weniger vorhersehbar.

Beispiel 2r

Als Letztes siehst du hier die Skala, die in Septimen gespielt wird, wobei das Muster „one-up, one-down" verwendet wird. Beachte, dass die breiteren Intervalle diesem Stück fast das Gefühl einer klassischen Etüde geben.

Beispiel 2s

Jetzt werden wir die Tonleiter mit den Mustern 1234 und 1235 spielen, die du in Kapitel 1 kennengelernt hast. Diese Patterns sind nützlich, um die Geschicklichkeit und Koordination der Greif- und Spielhand zu entwickeln und um skalenbasierte Läufe beim Solospiel aufzubauen.

Hier ist die Skala, die in der dritten Position unter Verwendung des 1234-Musters gespielt wird. Du beginnst auf G und steigst vier Noten der Skala aufwärts, springst dann zur zweiten Note der Skala (Ab) zurück, steigst dann weitere vier Skalenschritte auf usw. Spiele dies aufsteigend und absteigend.

Beispiel 2t

Als Herausforderung kommt hier die Tonleiter, die mit dem Muster 1235 gespielt wird, übertragen auf die zehnte Position. Denke daran, dass du drei Noten in der Skala aufwärts spielst und dann eine Terz nach oben springst, anstatt die vierte Note zu spielen.

Beispiel 2u

Jetzt werden wir dieses Intervalltraining anwenden und einige längere Linien spielen, die intervallische und/ oder Skalen-Sequenzierungsideen enthalten. In diesem ersten Beispiel ist die Linie über G7alt einfach ein gerader Durchlauf der mixolydischen b2b6-Skala der Reihe nach.

Beispiel 2v

Versuche nun diese absteigende Idee. Die Phrasierung über G7alt in Takt zwei wird über dem Cm7 in Takt vier nachgeahmt. Ich verwende oft Pull-Offs und Slides wie diese in meinen Linien, um ein geschmeidiges Legato-Gefühl zu erzeugen.

Beispiel 2w

Hier ist eine Linie, die die Noten b9 und b6 der Tonleiter über G7alt hervorhebt.

Beispiel 2x

In Takt zwei von Beispiel 2y startet die G7-Alt-Linie mit einem Quarten-Intervall und steigt dann die Skalentöne nacheinander ab.

Beispiel 2y

Dieses Beispiel zeigt, wie effektiv es sein kann, Noten in Phrasen zu verdoppeln, um längere Linien zu erzeugen.

Beispiel 2z

In Takt zwei des nächsten Beispiels ist keine der Noten ein Spannungston (obwohl ich immer noch an Mixolydisch b2b6 *denke*). Wir müssen nicht in *jeder* einzelnen Linie, die wir spielen, die Farbtöne hervorheben, solange wir uns der Möglichkeiten bewusst sind. Das Gleiche gilt in Takt sechs, aber hier wird Spannung durch die Bb-Durchgangsnote erzeugt, die zu B führt (die 3. (Terz) des G7alt-Akkords).

Beispiel 2z1

In diesem Beispiel ist die Linie in Takt zwei um Terzintervalle herum aufgebaut. Sowohl in Takt sechs als auch in Takt zehn zielt die gebendete Note auf ein B (die 3. von G7alt) und wird von dem Farbton b9 (Ab) gefolgt.

Beispiel 2z2

Hier ist eine anspruchsvollere Linie, die einen Lauf von überwiegend 1/16-Noten enthält. Achte besonders auf den Gangwechsel im ersten Takt. Zwei triolische Figuren dienen als Ausgangspunkt für den schnellen Lauf. Höre dir den Audio-Download an, um zu verstehen, wie ich zwischen den beiden Rhythmen wechsle.

Beispiel 2z3

Dreiklänge und Arpeggien

Jetzt werden wir die Tonleiter im Hinblick auf die in ihr enthaltenen Dreiklänge und Arpeggien analysieren. Der Dreiklang ist eine so gut definierte und leicht spielbare Struktur auf der Gitarre, dass du, wenn du dir die zur Tonleiter gehörenden Dreiklänge einprägst, immer sofort ein Vokabular zur Verfügung hast, mit dem du ein Solo spielen kannst. Allein das Arpeggieren der Dreiklänge nach oben und unten kann einige großartige Linien hervorbringen. Lass uns die Skala harmonisieren und die daraus gebildeten Dreiklänge betrachten. Hier ist eine Erinnerung an die Noten der Skala.

G Mixolydisch b2b6 = G Ab B C D Eb F

Die Tabelle unten zeigt die Dreiklänge, die aus der Tonleiter durch Stapeln der Noten in Terzen gebildet werden.

G	Ab	B	C	D	Eb	F
G Maj	Ab Maj	B Dim	Cm	D Dim	Eb Aug	Fm
(G B D)	(Ab C Eb)	(B D F)	(C Eb G)	(D F Ab)	(Eb G B)	(F Ab C)

Hören wir uns an, wie sie als Akkorde gespielt klingen.

Beispiel 2z4

Arpeggiere nun die Dreiklänge und spiele sie auf- und absteigend.

Beispiel 2z5

Nun erweitern wir die Dreiklänge und fügen jeweils eine vierte Note hinzu, um Septakkord-Strukturen zu bilden.

G	Ab	B	C	D	Eb	F
G7	Abmaj7	Bdim7	Cm(Maj7)	Dm7b5	Ebmaj7#5	Fm7
(G B D F)	(Ab C Eb G)	(B D F Ab)	(C Eb G B)	(D F Ab C)	(Eb G B D)	(F Ab C Eb)

Dies erzeugt einen spannungsreichen Satz von Akkorden. Höre dir an, wie sie aufsteigend und absteigend gespielt klingen.

Beispiel 2z6

Spiele diese nun als Arpeggios, auf- und absteigend, durch. Versuche, dir diese während deiner Übungsstunden einzuprägen. Es ist großartig, diese Formen sofort zur Hand zu haben, wenn du ein Solo über Alt7-Akkorde spielst, da sie einen starken melodischen Klang haben und helfen, das Auf- und Abwärtslaufen der alterierten Skalenmuster zu vermeiden.

Beispiel 2z7

Nun ist es an der Zeit, diese Dreiklänge/Arpeggien in einigen melodischen Linien einzusetzen. Denke daran, dass dir alle Dreiklänge und Arpeggien, die zur Tonleiter gehören, beim Solospiel zur Verfügung stehen. Du kannst jede dieser Strukturen über den G7alt-Akkord spielen und sie werden alle gut klingen und verschiedene Intervalle hervorheben.

In diesem ersten Beispiel umreißt die alterierte Linie in Takt zwei ein Ebmaj7#5-Arpeggio.

Beispiel 2z8

Die nächsten beiden Zeilen konzentrieren sich auf den Klang des Cm(Maj7)-Arpeggios, um melodische Phrasen zu erzeugen.

Beispiel 2z9

Beispiel 2z10

Im nächsten Beispiel beginnt die Phrase über G7alt mit einem Ab-Dur-Dreiklang, der in einem 5 1 3-Muster (5., Grundton, dann 3.) gespielt wird.

Beispiel 2z11

In den Takten zwei und sechs des nächsten Beispiels erzeugen beide Linien den Klang des Bdim7-Arpeggios.

Beispiel 2z12

Ich werde oft nach den Pedaltonideen gefragt, die ich spiele. Das ist ein Mittel, das mir vor Jahren von dem großen Jazzpianisten Kenny Kirkland gezeigt wurde. Die Idee ist, eine einzelne Note als schnellen Pedalton zu verwenden und ihn mit Akkordtönen zu unterbrechen - letztere sind normalerweise kleine, dreistimmige Strukturen. Manchmal verwende ich Quartakkorde (Noten, die in Quarten statt in Terzen gestapelt sind), um einen moderneren Sound zu erzeugen.

In Beispiel 2z13 werden die dreistimmigen Akzentakkorde aus den Noten der G-Mixolydischen Tonleiter b2b6 erzeugt (ein Ab-Dur-Dreiklang in Takt 1 und ein G-Dur-Dreiklang in Takt 2).

Beispiel 2z13

Hier ist ein längeres Beispiel für diese Technik. Auch hier sind die Akzentakkorde aus den Noten der mixolydischen b2b6-Tonleiter in G aufgebaut, aber dieses Mal denke ich weniger an die zugrunde liegenden Akkorde und mehr an die Hervorhebung der *b2b6-Farbe* für die Dauer aller vier Takte. Dadurch wird eine Spannung erzeugt, die schließlich aufgelöst wird.

Beispiel 2z14

Längere melodische Ideen entwickeln

Zum Abschluss dieses Kapitels findest du hier ein längeres Solo, das die Ideen, die wir besprochen haben, umfasst und die einzigartigen Farbtöne der mixolydischen b2b6 hervorhebt. Konzentriere dich jeweils auf kleine Abschnitte und wenn du ein Lick entdeckst, das dich anspricht, arbeite isoliert daran, um es deinem Vokabular hinzuzufügen.

Beispiel 2z15

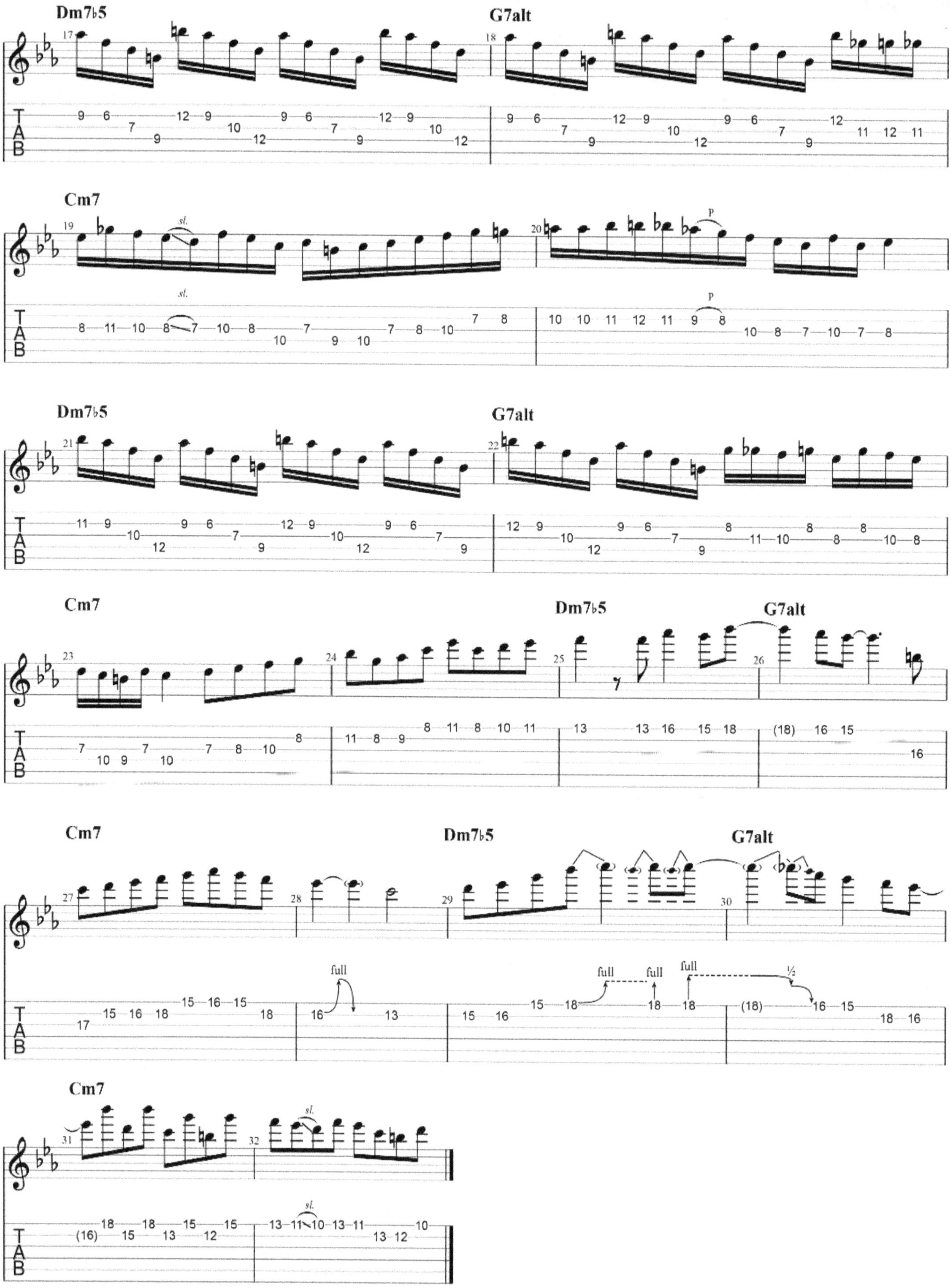
Dm7♭5
G7alt
Cm7
sl.
P
Dm7♭5
G7alt
Cm7
Dm7♭5
G7alt
Cm7
Dm7♭5
G7alt
full
full
full
full
½
Cm7
sl.

Kapitel 3 - Die symmetrische verminderte Skala

Die nächste alterierte Skala, die wir uns ansehen, stammt von der verminderten Skala. Sie ist eine achttönige Skala, die einen *symmetrischen* Aufbau hat. In gewisser Weise widersetzt sie sich der funktionalen Harmonie, so dass wir sie als eine eigenständige Einheit betrachten müssen. Sie ist abwechselnd aus *Ganz-* und *Halbtonschritten* aufgebaut und kann als zwei ineinandergreifende verminderte Septakkorde betrachtet werden, die sich symmetrisch in kleinen Terzintervallen wiederholen. Aus diesem Grund hat sie nur zwei Modi und welchen Modus du spielst, hängt davon ab, ob du die Skala mit einem Ganztonschritt oder einem Halbtonschritt begonnen hast.

Der Modus, der dem Muster „Ganztonschritt – Halbtonschritt" folgt, wird als Ganzton-Halbton-Leiter (engl. *Fully Diminished* oder *Whole-Half Diminished Scale*) bezeichnet. Diese Skala wird typischerweise im Jazz verwendet, um über verminderte Septakkorde zu spielen.

Der Modus, der dem Muster „Halbtonschritt – Ganztonschritt" folgt, ist als Halbton-Ganzton-Leiter (engl. *Dominant Diminished* oder *Half-Whole Diminished Scale*) bekannt. Diese Skala wird im Jazz, Fusion und sogar im Blues verwendet, um über Dominantseptakkorde zu spielen.

Unser Schwerpunkt in diesem Buch liegt auf dem Erlernen verschiedener Ansätze zum Spielen von alterierten Skalen über Dominantakkorden, daher werden wir das melodische Potenzial der halbverminderten Skala für das Solospiel über den V7alt-Akkord erforschen.

Die symmetrische Natur dieser Skala mit ihrem Intervallmuster, das sich alle drei Schritte wiederholt (*Halbtonschritt - Ganztonschritt - Halbtonschritt*), gibt ihr ein vorhersehbares Layout auf dem Griffbrett. Dies macht es einfach, Licks zu komponieren, die sich wiederholen und in kleinen Terzen bewegen (ein Abstand von drei Bünden) - eine Technik, die Spieler wie Michael Brecker und viele andere sehr effektiv eingesetzt haben.

In diesem Kapitel werden wir nicht über die ii V I-Sequenz spielen, sondern einen Ein-Akkord-Dominant-Vamp mit einem funkigeren, Jazz-Rock-Fusion-Feeling verwenden, da die Skala hier ihre Stärken hat. Wir spielen über einen G7alt-Akkord und die melodischen Ideen kommen aus der verminderten G-Halbton-Ganzton-Leiter.

Hier sind die Noten der verminderten Halbton-Ganzton-Leiter in G. Unter jeder Note stehen die Spannungen, die hervorgehoben werden, wenn die Skala über einem G7-Akkord gespielt wird.

G	Ab	Bb	B	C#	D	E	F
1	b9	#9	3	#11	5	13	b7

G7 wird aufgebaut mit: G B D F

Die Halbton-Ganzton-Leiter in G enthält den Grundton, die 3., die 5. und die b7 von G7 sowie die alterierten Noten b9, #9 und #11. Sie hat auch das erweiterte 13. Intervall (E), was eines ihrer bestimmenden Merkmale ist und was sie zum Beispiel von G-Alteriert unterscheidet, welches eine b13 (Eb) hat.

Die Halbton-Ganzton-Leiter funktioniert über eine Vielzahl von alterierten Dominantakkorden, wie sie unten abgebildet sind. Die Skalentöne sind in den Akkordrastern angegeben.

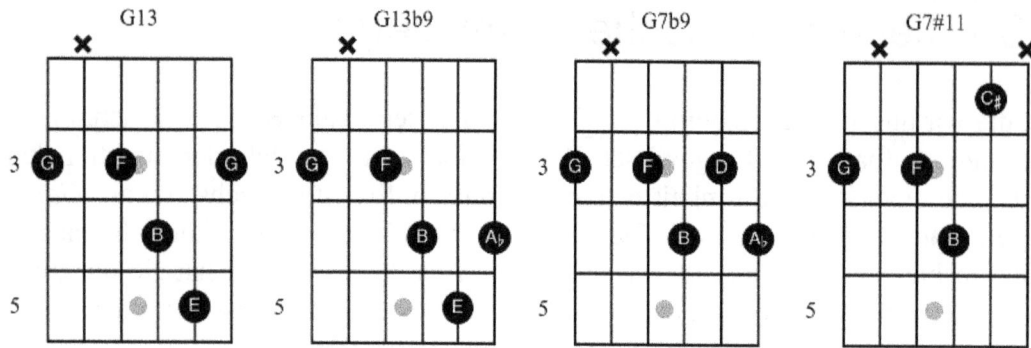

Spiele zunächst die Tonleiter in dieser Box-Position am dritten Bund durch.

G Halbe-Ganze Verminderte Skala - Position drei

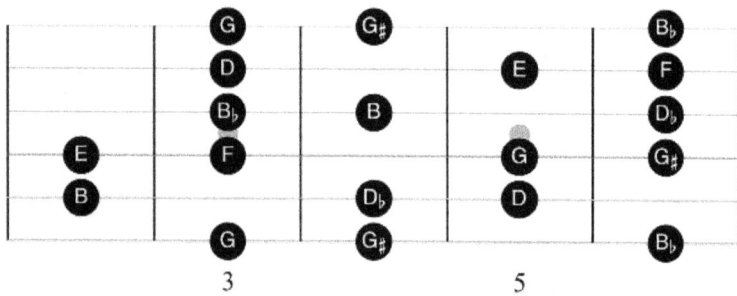

Es ist nützlich, diese Box-Form zu kennen, damit du über jeden der obigen Akkorde in der dritten Position spielen kannst. Es gibt jedoch auch ein aufsteigendes Muster, das du kennen solltest, welches leicht zugänglich ist und das die gleiche Form auf jeder Saite verwendet. Wir spielen es über einen G7#9-Akkord in der zehnten Position.

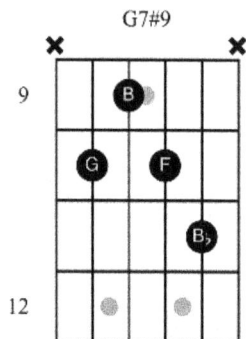

G Halbton-Ganzton-Leiter - Vertikal aufsteigende Form

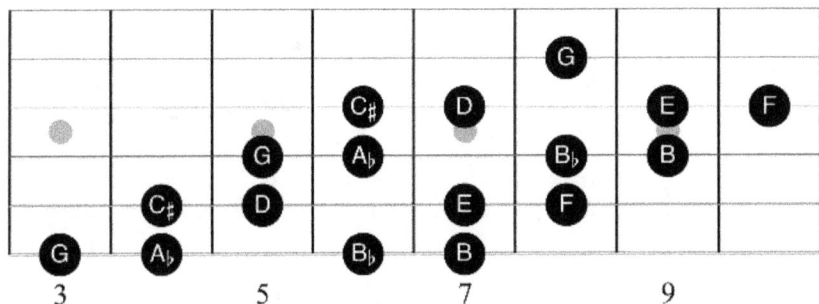

Hier hörst du, wie diese vertikale Form klingt. Beachte, dass sie die gleiche Anordnung von vier Noten auf jeder Saite hat.

Beispiel 3a

Die Skala durchdringen

Bevor wir diese Skala genauer untersuchen, wollen wir hören, wie sie klingt, indem wir ein paar Licks spielen, die ihren einzigartigen Sound einfangen.

Beispiel 3b

Beispiel 3c

Beispiel 3d

Jetzt werden wir mit einigen Übungen arbeiten, um den Klang der *Skalenintervalle* zu verankern. Dieses Mal werden wir die Dinge ein wenig ändern. Die Halbton-Ganzton-Leiter enthält vier Moll-Dreiklänge und vier Dur-Dreiklänge, und dies beeinflusst, wie wir mit der Skala interagieren können. Wir können wählen, ob wir Akkordstrukturen in Moll *oder* Dur spielen wollen, wie in den folgenden Übungen gezeigt wird.

Zunächst ist hier die Tonleiter in kleinen Terzen gespielt.

Beispiel 3e

Hier ist eine anspruchsvollere Übung. Diesmal wird die Tonleiter in der höheren Lage gespielt, wobei Intervalle der Quinte und kleinen Sexte in einem One-Up-One-Down-Muster verwendet werden.

Beispiel 3f

Hier ist nun die Tonleiter, gespielt mit großen Terzen und Quarten.

Beispiel 3g

Bei dieser Übung ist die Tonleiter in großen Sexten als One-Up-One-Down-Muster angeordnet.

Beispiel 3h

Als Letztes können wir die Skala mit übermäßigen Quarten als One-Up-One-Down-Muster spielen.

Beispiel 3i

Nimm dir Zeit, um die oben genannten Übungen durchzuarbeiten, und verwende einen Teil deiner Übungszeit darauf, sie flüssig zu lernen. Sobald du dich mit ihnen wohl fühlst, ist es an der Zeit, einige Vokabeln zu lernen, die auf intervallischen Bewegungen basieren.

Dieses erste Beispiel beginnt mit einer einfachen Linie, die Quarten-Intervalle hervorhebt.

Beispiel 3j

In diesem Beispiel spiele ich in Takt zwei ein Lick, das Quarten und Terzen kombiniert. Die Idee wird in Takt drei weiterentwickelt und in Takt fünf steigt die Linie in einem ähnlichen Muster ab.

Beispiel 3k

Hier ist eine Linie, die hauptsächlich Quinten verwendet.

Beispiel 3l

Jetzt kehren wir zum Beherrschen der 1234 und 1235 Muster zurück, gespielt als „one-up, one-down". Sicher kann es verlockend sein, diese zu überspringen, um direkt zu den Licks überzugehen, aber es gibt keine Abkürzungen, um die Tonleiter gründlich zu lernen und diese Übungen sind der beste Weg, den ich kenne, um zu testen, wie gut man sie wirklich kennt. Hier wird die Tonleiter als 1234-Muster gespielt, „one-up, one-down". Teste dich, ob du das absteigende Muster selbst herausfinden kannst.

Beispiel 3m

Spiele es nun mit einem 1235-Muster durch, „one-up, one-down". Versuche erneut, das absteigende Muster herauszufinden.

Beispiel 3n

Jetzt ist es an der Zeit, einige weitere Halbton-Ganzton-Linien zu deinem Vokabular hinzuzufügen. Da wir über einen Ein-Akkord-Vamp spielen, kannst du dir in jedem Takt Linien aussuchen, die du dir einprägen möchtest. Höre dir das Audiomaterial an und konzentriere dich auf Phrasen, die du magst und übe diese isoliert.

In diesem ersten Beispiel ist in Takt zwei ein gerader Lauf die Tonleiter herab zu hören. Gelegentlich füge ich eine chromatische Note hinzu, um die Phrasierung zu variieren und zu glätten, wie in Takt drei.

Beispiel 3o

Das nächste Beispiel hat auch ein paar chromatische Durchgangsnoten, die diesen schnellen absteigenden Lauf etwas einfacher zu spielen machen. In den Takten 1-2 spiele ich nicht durchgehend 1/16-Noten, sondern löse die Linien auf, indem ich eine 1/8-Note auf dem ersten Schlag jedes Taktes spiele.

Beispiel 3p

Hier ist ein anspruchsvollerer Lauf, den du ausprobieren kannst. Wenn ich über einen einzelnen Akkord-Vamp spiele, ist etwas, was ich gerne mache, die Tonleiter zu „sequenzieren". Mit anderen Worten, ich spiele Phrasen, die ein sich wiederholendes Muster haben und bewege mich auf den Skalentönen *kaskadenartig* hin und her. Spiele diese Linie ein paar Mal durch, um die Form unter deine Finger zu bekommen und versuche dann, sie langsam mit einem Metronom zu spielen, das auf ein moderates Tempo eingestellt ist. Erhöhe das Tempo erst, wenn du in der Lage bist, sie mehrmals zu spielen, ohne einen Fehler zu machen.

Beispiel 3q

Hier ist ein weiteres kniffliges Sequencing-Lick für dich. Die Hauptbewegung findet in den Takten 3-4 statt, wo ich ein schnelles, sich wiederholendes Muster spiele. Dieses Lick ist leichter zu verstehen, wenn du dir das Audio zunächst mehrmals anhörst. Die Idee, Phrasen mit Elf-Noten-Gruppierungen zu spielen, kann anfangs einschüchternd wirken, aber höre dir an, wie ich es spiele und du wirst es verstehen! Mach langsam und spiele zu einem Metronom.

Beispiel 3r

Dreiklänge und Arpeggien

Eine der besten Möglichkeiten, die verminderte Halbton-Ganzton-Leiter zu meistern, ist die Arbeit mit den Dreiklängen und Arpeggien, die sie enthält. Wir wissen aus unseren vorherigen Erkundungen, dass diese Strukturen auf der Gitarre leicht zugänglich sind und den Klang der Tonleiter perfekt einfangen. Sie sind auch viel leichter zu merken als komplexere Muster.

Zuerst werden wir die Tonleiter auf traditionelle Weise harmonisieren, indem wir Terzintervalle übereinanderlegen. Dadurch entsteht ein verminderter Dreiklang auf jedem Skalenton.

G	Ab	Bb	B	C#	D	E	F
G°	Ab°	Bb°	B°	C#°	D°	E°	F°
(G Bb C#)	(Ab B D)	(Bb C# E)	(B D F)	(C# E G)	(D F Ab)	(E G Bb)	(F Ab B)

Hier siehst du, wie die Dreiklänge als Akkordstrukturen angeordnet werden können. Diese kleinen Formen können beim Comping über einen V7alt-Vamp nützlich sein.

Beispiel 3s

Wenn wir das One-Up-One-Down-Muster auf diese Dreiklänge anwenden, entsteht ein sehr brauchbares Muster, das als eigenständige melodische Linie funktionieren könnte.

Beispiel 3t

Wir wissen, dass die Halbton-Ganzton-Leiter auch so betrachtet werden kann, dass sie vier Moll-Dreiklänge und vier Dur-Dreiklänge enthält. Die Tabelle unten zeigt die Moll-Dreiklänge innerhalb der G-Halbton-Ganzton-Skala. Beachte, dass ihre Grundtöne eine kleine Terz voneinander entfernt sind.

G	Bb	C#	E
Gmin	Bbm	C#m	Em
(G Bb D)	(Bb C# F)	(C# E Ab)	(E G B)

Beispiel 3u

Spiele die Moll-Dreiklänge nach dem One-Up-One-Down-Muster durch.

Beispiel 3v

Aus denselben Grundtönen können wir auch vier Dur-Dreiklänge mit den Noten der Tonleiter konstruieren.

G	Bb	C#	E
GMaj	BbMaj	C#Maj	EMaj
(G B D)	(Bb D F)	(C# F Ab)	(E Ab B)

Beispiel 3w

Hier sind die Dur-Dreiklänge, „one-up one-down" gespielt.

Beispiel 3x

Alle diese Moll- und Dur-Dreiklangsformen können die Grundlage für die Entwicklung einfacher Licks sein, die sich in kleinen Terzen bewegen. Wir können jedoch noch einen Schritt weiter gehen und beide Dreiklangssätze zu Septakkorden erweitern.

Die Moll-Dreiklänge werden zu *Mollseptakkorden* und die Dur-Dreiklänge zu *Dominantseptakkorden*.

Hier sind die Mollseptakkorde

Beispiel 3y – Moll 7

Und hier sind die Dominantseptakkorde.

Beispiel 3z - Dominant 7

Um sich mit dem Klang und der Form der Septakkorde vertraut zu machen, spielen wir beide Arpeggiosätze durch, „one-up, one-down".

Beispiel 3z1 – Moll 7-Arpeggios, one-up one-down

Beispiel 3z2 - Dominant 7-Arpeggios, one-up, one-down

Es besteht kein Zweifel, dass es eine Menge Arbeit zu tun gibt, um alle Aspekte dieser facettenreichen Skala zu meistern, aber die Arbeit mit diesen Übungen während deiner Übungsstunden wird dir dabei helfen. Mit den oben genannten Werkzeugen, die uns zur Verfügung stehen, werden wir nun dazu übergehen, einige Dreiklangs-/Arpeggio-basierte melodische Linien zu spielen.

Dieses erste Lick ist das perfekte Beispiel dafür, wie wir die kleine Terz-Charakteristik der Tonleiter ausnutzen können. Unter Verwendung von Dur-Dreiklangsformen durchläuft die Linie in den Takten 1-2 GMaj über BbMaj bis C#Maj.

Beispiel 3z3

Ab der Hälfte von Takt drei verwendet diese Linie BbMaj- und EMaj-Arpeggio-Ideen. Sie endet auf einer Bb-Note, die die #9 von G7 ist.

Beispiel 3z4

In diesem Lick werden in den Takten 5-8 einfache verminderte Dreiklangsformen verwendet, um die aufsteigende Linie zu verbinden.

Beispiel 3z5

Ich beginne die nächste Linie mit einem G-Dur-Dreiklang und bewege mich dann durch mehrere verminderte Formen. Diese kleinen sich wiederholenden Strukturen machen es viel einfacher, sequenzierte Licks zu komponieren.

Beispiel 3z6

In diesem letzten Beispiel geht es darum, einen sich wiederholenden G-Dur-Dreiklang (G B D) zu spielen, ihm aber jedes Mal die Note #5 (C#) voranzustellen, um die Halbton-Ganzton-Farbe hervorzuheben.

Beispiel 3z7

Längere melodische Ideen entwickeln

Zum Abschluss dieses Kapitels findest du hier ein längeres Solo, das weitere Ideen zum Ausdruck bringt, die du mit der verminderten Halbton-Ganzton-Skala spielen kannst. Wie immer, wenn du eine Idee hörst, die dir gefällt, picke dir einfach diese Takte heraus und arbeite daran, das Lick zu deinem Vokabular hinzuzufügen. Vergiss nicht, es zu transponieren und es auch in anderen Tonarten und Positionen auf dem Hals auszuarbeiten.

Beispiel 3z8

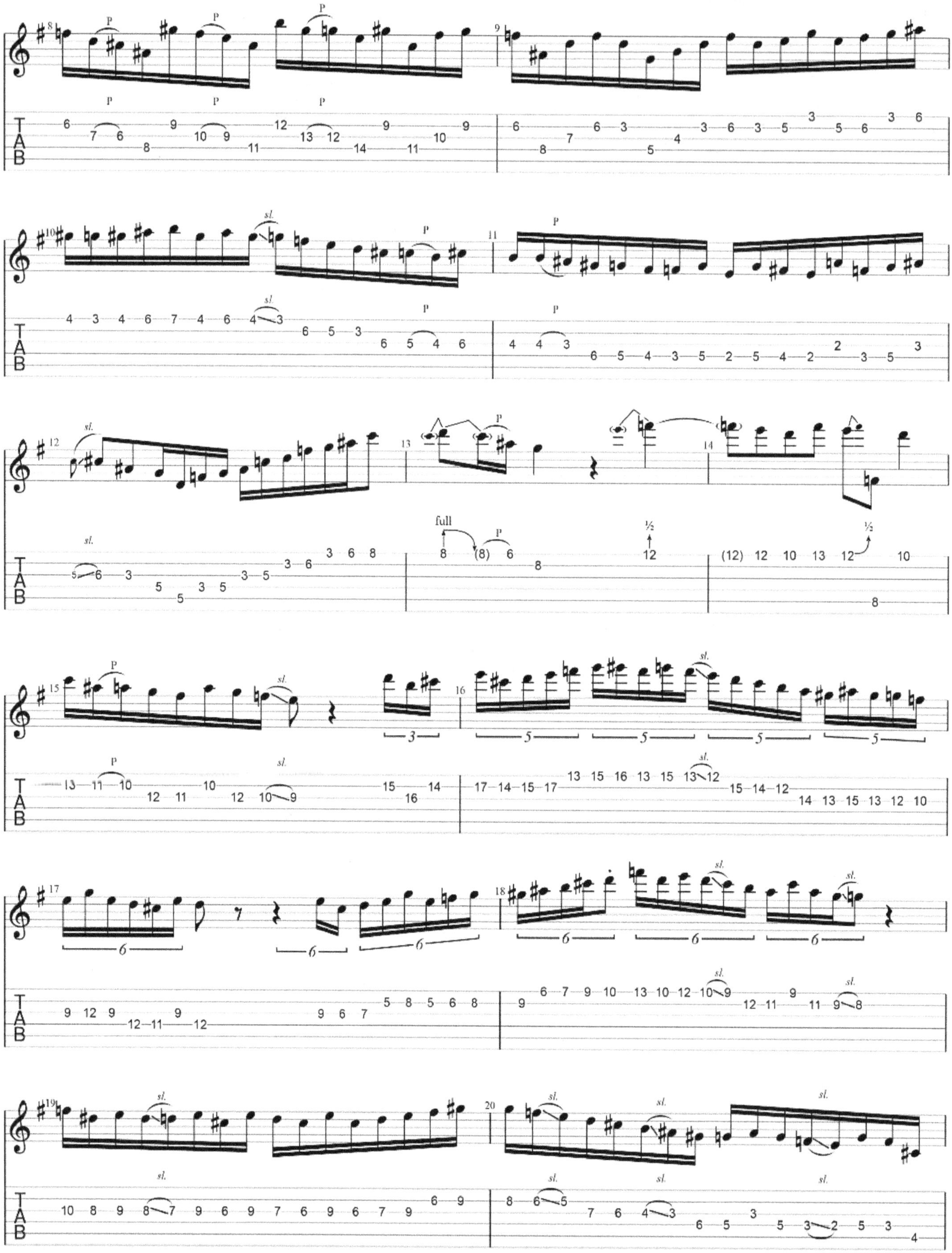

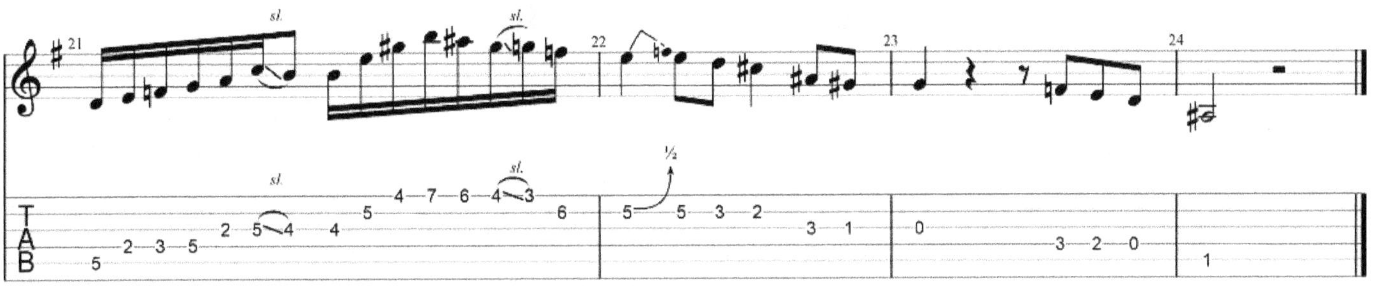
sl.
sl.
½

Kapitel Vier - Die Ganztonskala

Die Ganztonskala ist eine hexatonische Tonleiter, was bedeutet, dass sie nur sechs Töne pro Oktave hat. (Die bekannteste hexatonische Skala ist die Blues-Skala). Der Name der Skala erklärt genau, was sie ist - eine Reihe von Tönen, die jeweils einen *Ganzton* (zwei Bünde) auseinander liegen.

Diese Tonleiter wird oft mit dem klassischen Komponisten Claude Debussy in Verbindung gebracht, der sie in zwei berühmten Kompositionen aus seinem ersten Klavierbuch *Préludes* verwendete. Im Jazz war der Pianist Thelonious Monk dafür bekannt, Ganztonläufe in seine Soli einzubauen. Hör dir an, wie es in Monks Stück *Four in One* klingt. Du kannst dir auch das Intro zu Wayne Shorters *Juju*, gespielt von McCoy Tyner am Klavier, und John Coltranes *One Down, One Up* als weitere Beispiele für die Verwendung von Ganztönen anhören.

Um den Klang der Skala zu demonstrieren, spielen wir in diesem Kapitel über einen ii V-Vamp in c-Moll (Cm7 - G7alt) unter Verwendung der G-Ganztonleiter. Beachte jedoch, dass du die melodischen Ideen in diesem Kapitel auch dann verwenden kannst, wenn du über einen einakkordigen dorischen Vamp spielst. Das Stück *Footprints* von Wayne Shorter hat zum Beispiel mehrere Takte in c-Moll, und manchmal, wenn ich über die c-Moll-Passage spiele, impliziere ich den V7alt-Akkord (G7alt), indem ich die G-Ganztonleiter spiele, obwohl es nicht in der Musik steht.

Das Spielen über den V7alt-Akkord ist eine Möglichkeit, *outside* zu spielen und eine Spannung zu erzeugen, die sich schließlich auflöst. Solange du deine Linien an einem bestimmten Punkt auflöst, musst du dies nicht sofort tun. Ich spiele oft Linien, die *outside* klingen, für mehrere Takte, bevor ich sie wieder nach Hause bringe. Diese *verzögerte Auflösung* ist eine großartige Möglichkeit, die Spannung zu erhöhen und die Musik aufregend zu gestalten.

Hier sind die Noten der G-Ganztonleiter und die Intervalle, die sie hervorhebt, wenn sie über einen G7-Akkord gespielt wird.

G-Ganztonleiter:

G	A	B	C#	D#	F
Grundton	9.	3.	#11	#5	b7

Über einem G7-Akkord gibt uns die G-Ganztonskala den Grundton (G), die 3. (B) und b7 (F), plus die erweiterte 9. Sie enthält auch die alterierten Töne #11 und #5 (C# bzw. D#).

Hier ist eine gängige Form für die Tonleiter, die in der dritten Position beginnt und den Hals hinaufführt.

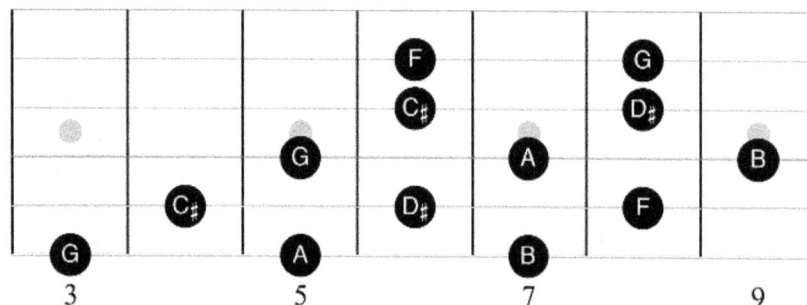

Hören wir uns an, wie diese Skala über einem V7alt-Akkord funktioniert. Sie ist eine beliebte Wahl für Solos über 7#5- und 7b5-Akkorde, da die Skala alle Noten dieser Akkorde enthält. Spiele nacheinander jeden der folgenden Akkorde, gefolgt von der Skala, und höre dir den Klang der Intervalle über den Akkorden an.

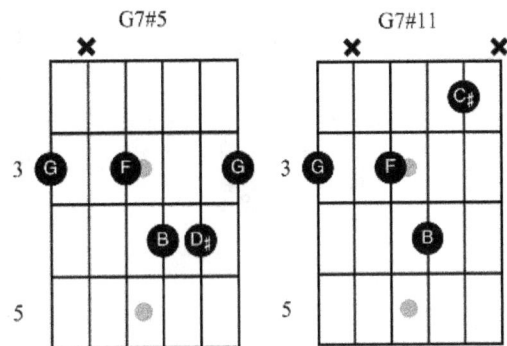

Beispiel 4a

Spiele nun einen einfachen G7-Akkord und spiele Beispiel 4a erneut, um die Wirkung der Skala über dem nicht alterierten Akkord zu hören.

Die Skala durchdringen

Wir beginnen unsere Erkundung der Ganztonleiter mit einigen Licks, die ihre einzigartige Farbe einfangen, bevor wir mit ihren Intervallen, Dreiklängen und Arpeggien weiterarbeiten.

Beispiel 4b

Beispiel 4c

Beispiel 4d

Beispiel 4e

Wie in den vorangegangenen Kapiteln ist ein wichtiger Weg, die Tonleiter zu meistern, die Arbeit mit ihren Intervallen. Das Spielen von Intervallmustern bringt uns nicht nur davon weg, die Tonleiter einfach auf- und abwärts zu spielen, sondern hilft auch dabei, die Muster, nach denen die Tonleiter auf dem Griffbrett angeordnet ist, im Muskelgedächtnis zu speichern. Da diese Tonleiter nur aus ganzen Schritten besteht, ist das Erlernen auf den leeren Saiten nur von begrenztem Nutzen, so dass das Finden brauchbarer Muster quer über den Hals wichtiger wird.

Wir haben diesen Lernprozess nun schon einige Male angewandt, daher werde ich nicht alle Skalenintervalle durchbuchstabieren, aber du solltest sie für dich selbst ausarbeiten und während deiner Übungszeiten damit arbeiten. Stattdessen werden wir direkt mit dem Spielen einiger „one-up, one-down" Patterns beginnen.

Zunächst wird hier die Tonleiter in Terzen gespielt, „one-up, one-down".

Beispiel 4f

In Beispiel 4g spiele ich diesmal die Skala in übermäßigen Quarten, „one-up, one-down".

Beispiel 4g

Zum Schluss ist hier die Skala in Septimen gespielt, „one-up, one-down".

Beispiel 4h

Im Jazz betrachten Musiker den ii-Akkord und den V-Akkord normalerweise als denselben „Klang". Beim Improvisieren wird der ii-Akkord oft ignoriert, und der Fokus liegt darauf, wie man das Beste aus den über dem V-Akkord verfügbaren alterierten Spannungen macht. Aber auch das Umgekehrte ist wahr, und für uns bedeutet das, dass es in Ordnung ist, Ganztonleiter-Noten über den ii-Akkord zu spielen. Wir müssen sie nicht für den V-Akkord aufheben, sondern können die Skala über beide Akkorde verwenden.

Hier findest du einige Ganztonvokabeln, die du lernen kannst und die intervallische Ideen beinhalten. Beachte, dass ich wegen der nicht auflösenden Natur der Skala meine Linien normalerweise mische, indem ich andere Skalen- und Arpeggio-Ideen einbeziehe. Die Ganztonleiter hat einen so starken Charakter, dass man sie leicht überstrapazieren kann. Mit Bedacht eingesetzt, ist sie jedoch sehr effektiv.

Die kurze Phrase in Takt 2 des Beispiels 4i verwendet Terzintervalle.

Beispiel 4i

Manchmal, wenn ich einen V7alt-Akkord sehe, spiele ich einen anderen Akkord, der sich logisch dazu auflösen könnte, und überlagere melodische Linien, die diese Tonalität suggerieren. In Beispiel 4j spiele ich über dem G7alt-Akkord Linien auf D7-Basis und behandle D7 als den V7-Akkord von G7. Die Noten der Eröffnungsphrase stammen aus der D-Ganztonleiter. Diese Substitutionsidee erzeugt einige spannungsreich klingende Intervalle, bevor sie in Takt vier in einen absteigenden G-Ganztonlauf übergeht, der als Auflösung dient.

Beispiel 4j

Beispiel 4k beginnt mit einer Phrase, die auf Quarten basiert.

Beispiel 4k

Die nächste Linie erzeugt in Takt 1 eine starke Spannung, indem Ganztonleiter-Noten einen halben Schritt auseinander auf benachbarten Saiten gespielt werden (eine B-Note auf der B-Saite, zwölfter Bund, und ein C# auf der hohen E-Saite, neunter Bund).

Beispiel 4l

Beispiel 4m verwendet eine sehr einfache, in Terzen angeordnete Phrase, die sich über die Takte 7-8 erstreckt.

Beispiel 4m

Bevor wir mit dem Erlernen einiger Skalen-Licks fortfahren, spiele die folgenden Skalenübungen durch. Die Patterns 1234 und 1235 bieten beide nützliche Formen, die du verwenden kannst, um durch die großen Intervalle dieser Skala zu kommen.

Spiele zunächst das Muster 1234, beginnend in der dritten Position. Ich habe das Muster nur aufsteigend notiert - es liegt an dir, es in umgekehrter Richtung zu spielen.

Beispiel 4n

Hier ist das aufsteigende Muster von 1235, diesmal beginnend in der zehnten Position. Finde den einfachsten Weg, es absteigend zu spielen.

Beispiel 4o

Arbeiten wir nun eine Auswahl an melodischen Linien durch. Aufgrund des unaufgelösten Klangs der Ganztonleiter mische ich C-Moll-Skalenlinien mit Ganztonphrasen und füge einige chromatische Durchgangsnoten hinzu. Denke daran, dass Ganztonphrasen sowohl über den ii-Akkord als auch über den V7alt-Akkord gespielt werden können.

Diese Linie ist ein gutes Beispiel für eine „gemischte" Phrase. Im ersten Takt beginnt sie mit drei Noten aus der C-Moll-Tonleiter, gefolgt von Ganztonleiter-Noten.

Beispiel 4p

Diese Idee beginnt mit einem Cm9-Arpeggio und geht dann in Takt 2 in eine Ganztonphrase über. Die Phrase, die sich über die Takte 5-8 erstreckt, besteht aus allen Ganztonleiter-Noten.

Beispiel 4q

Dieses Beispiel beginnt mit einem geraden Aufwärtslauf der Ganztonleiter, gefolgt von einem zyklischen Abstieg in den Takten 3-4.

Beispiel 4r

Beispiel 4s ist eine pedaltonmäßige Linie. Wenn du eine Sequenz wie diese spielst, bei der der größte Teil der Phrase auf nur zwei Saiten angeordnet ist, achte darauf, sie gleichmäßig mit Wechselschlag *(alternate picking)* zu spielen.

Beispiel 4s

Die nächste Linie ist ein gutes Beispiel dafür, wie man die Ganztonleiter über dem ii-Akkord anwendet, um Spannung zu erzeugen. Die Phrase ist ein gerader Durchlauf der Skala, aber Spannung wird sofort erzeugt, wenn wir die einleitenden B- und C#-Noten hören, wo unsere Ohren erwarten würden, Bb (b7 von Cm7) und C (Grundton) zu hören.

Beispiel 4t

Beispiel 4u verwendet im Eröffnungstakt ebenfalls Ganztöne. Die Phrase in den Takten 3-4 ist gemischt und beginnt mit Ganztönen, geht aber in die C-Moll-Tonleiter über.

Beispiel 4u

Spaßeshalber hier eine Zeile, die sich über sechs Takte erstreckt und erst in Takt zwei beginnt. Die absteigende Triolenphrase verwendet Ganztöne mit einer chromatischen Durchgangsnote, um sie zu verbinden.

Beispiel 4v

Als nächstes werden wir uns die diatonischen Dreiklänge und Arpeggien ansehen, die in der Ganztonleiter enthalten sind. Hier, zur Erinnerung, die sechs Skalentöne:

G A B C# D# F

Wenn du die Skalentöne auf traditionelle Weise harmonisierst, erhältst du eine Reihe von übermäßigen Dreiklängen.

Beispiel 4w

Spiele die Dreiklänge mit einem „one-up, one-down" Muster durch, wie unten dargestellt, und du erkennst vielleicht ein vertrautes Lick. Das Durchspielen von übermäßigen Dreiklängen, die über einen V7alt-Akkord gelegt werden, ist eine Idee, die von vielen großen Jazz-Gitarristen verwendet wurde und eine Lieblingsidee von Joe Pass war. Der übermäßige G-Dreiklang, der über einen G7-Akkord gelegt wird, erzeugt einen G7#5-Klang, der dann in ganzen Schritten bewegt werden kann. Vielleicht hast du diese Idee auch schon im Gypsy Jazz-Gitarrenspiel gehört. Sie wird auch mit großer Wirkung zu Beginn von Stevie Wonders Lied *You Are the Sunshine of my Life* verwendet, wo er bewegliche übermäßige Dreiklänge über einen G7#5-Akkord legt.

Beispiel 4x

Wenn die Dreiklänge zu Septakkorden erweitert werden, wird jeder von ihnen zu einem 7b13-Akkord.

Beispiel 4y

Hier sind die diatonischen Septakkorde arpeggiert, einmal aufwärts, einmal abwärts.

Beispiel 4z

Hier nun einige Linien zum Durcharbeiten, die sich auf die Dreiklangs- und Arpeggioformen der Tonleiter beziehen. Wir werden sie analysieren, indem wir vergleichen, wie jede Linie im ersten Takt beginnt.

Die Phrase im ersten Takt dieser Linie basiert auf einem G7b13-Arpeggio.

Beispiel 4z1

Über dem C-Moll-Akkord in Takt 1 stammen die Noten diesmal aus dem Arpeggio B7b13, das auf der 3. der G-Ganztonleiter aufgebaut ist.

Beispiel 4z2

In diesem Lick habe ich mich entschieden, das D#7b13 über dem C-Moll-Akkord zu spielen (D#7b13 ist der Akkord, der auf der #5 der G-Ganztonleiter aufgebaut ist)

Beispiel 4z3

Schließlich ist in Beispiel 4z4 die Linie in Takt eins mit den Dreiklängen F-übermäßig und D#-übermäßig aufgebaut. Denke daran, dass du alle verfügbaren Dreiklänge/Arpeggien verwenden kannst, um die Akkorde ii und V zu überlagern, von denen jeder/jedes eine andere Klangfarbe mitbringt.

Beispiel 4z4

Längere melodische Ideen entwickeln

Zum Abschluss dieses Kapitels findest du hier ein 24-taktiges Solo, das du lernen kannst. Teile es in Abschnitte ein und arbeite an den Ideen, die dich ansprechen. Du hast vielleicht schon bemerkt, dass ich hin und wieder gerne geloopte, sequenzierte Licks verwende! Achte besonders auf den Rhythmus und das Timing des sequenzierten Licks in den Takten 5-8 und hab viel Spaß beim Spielen!

Beispiel 4z5

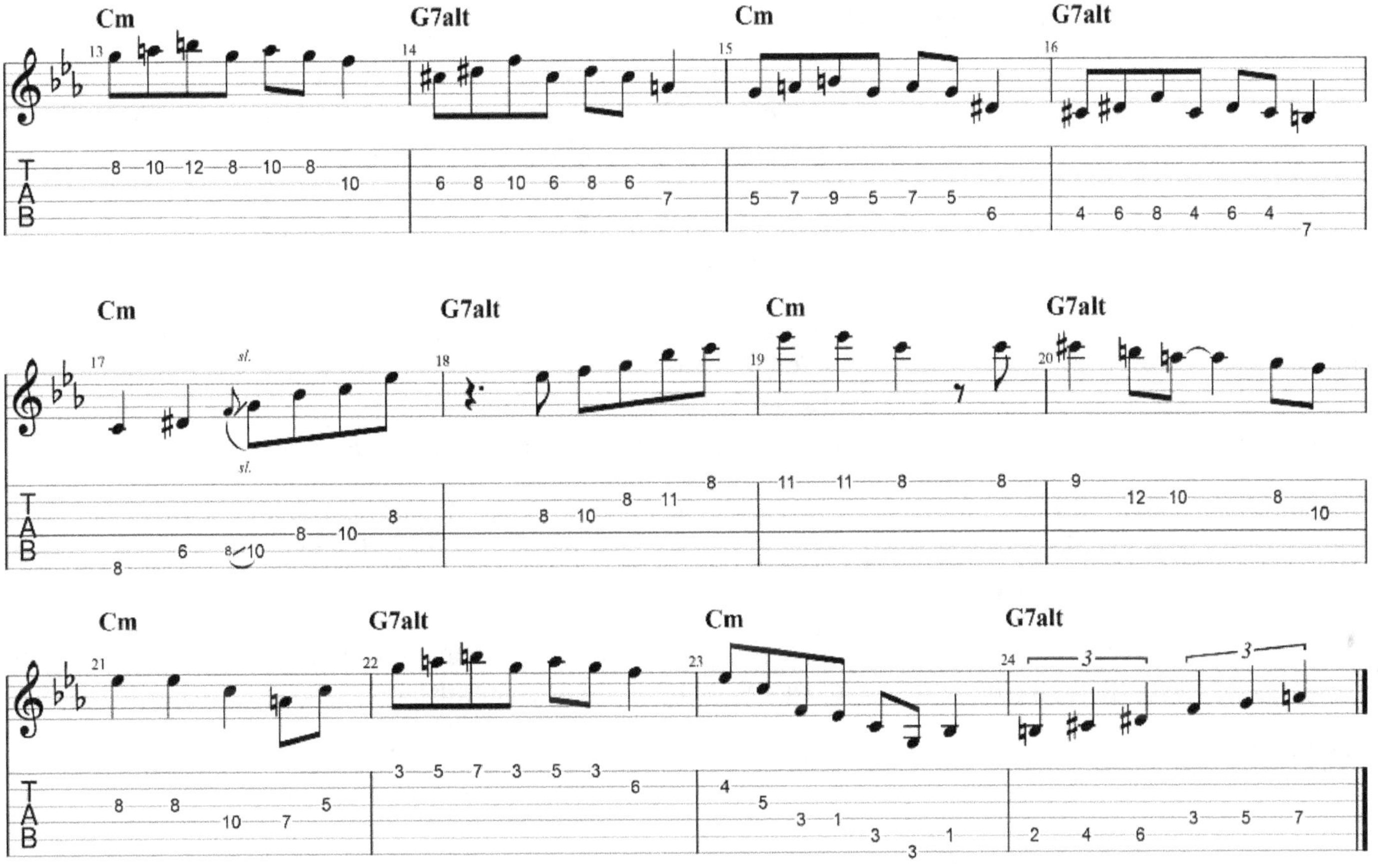
Cm
G7alt
Cm
G7alt
Cm
G7alt
Cm
G7alt
sl.
sl.
Cm
G7alt
Cm
G7alt

Kapitel Fünf - Bb Blues Performance

Zum Abschluss dieses Buches möchte ich dir ein Stück zum Lernen vorstellen, das eine Reise vom *inside* zum *outside* Spiel darstellt. Es beginnt mit eher traditionellem Vokabular und wird im Laufe der Zeit immer abenteuerlicher durch die Verwendung von alterierten Skalen-Ideen, und was wäre dafür besser geeignet als ein Blues? Der Blues ist ein großartiges Testgelände für neue Ideen, weil seine Grundharmonie unseren Ohren so vertraut ist und es einfach ist, den Effekt von Alterationen oder überlagerten Skalen zu hören.

Ich habe diesen Blues mit meinem Freund, dem wunderbaren Bassisten Edmond Gilmore, eingespielt (Edmond nahm alle Demotracks in diesem Buch auf und spielte Bass). Für das Solo habe ich einfach mit dem improvisiert, was ich gerade fühlte, also wirst du neben den alterierten Skalen, die wir gelernt haben, wahrscheinlich auch einige andere Ideen hören, die mein eigenes Vokabular ausmachen.

Genau wie bei allen vorherigen Beispielen und Etüden suche dir die Ideen heraus, die dir gefallen, und konzentriere dich auf diese Takte. Verschiebe sie in andere Tonarten und verschiedene Bereiche des Halses und verwende sie bei Jazz-Standards, die du kennst.

Ich wünsche dir viel Spaß beim Lernen und Spielen dieses Stücks und hoffe, dass es dir hilft, deinen musikalischen Wortschatz zu erweitern und dass es dich zu neuen Ideen inspiriert.

Beispiel 5a

100

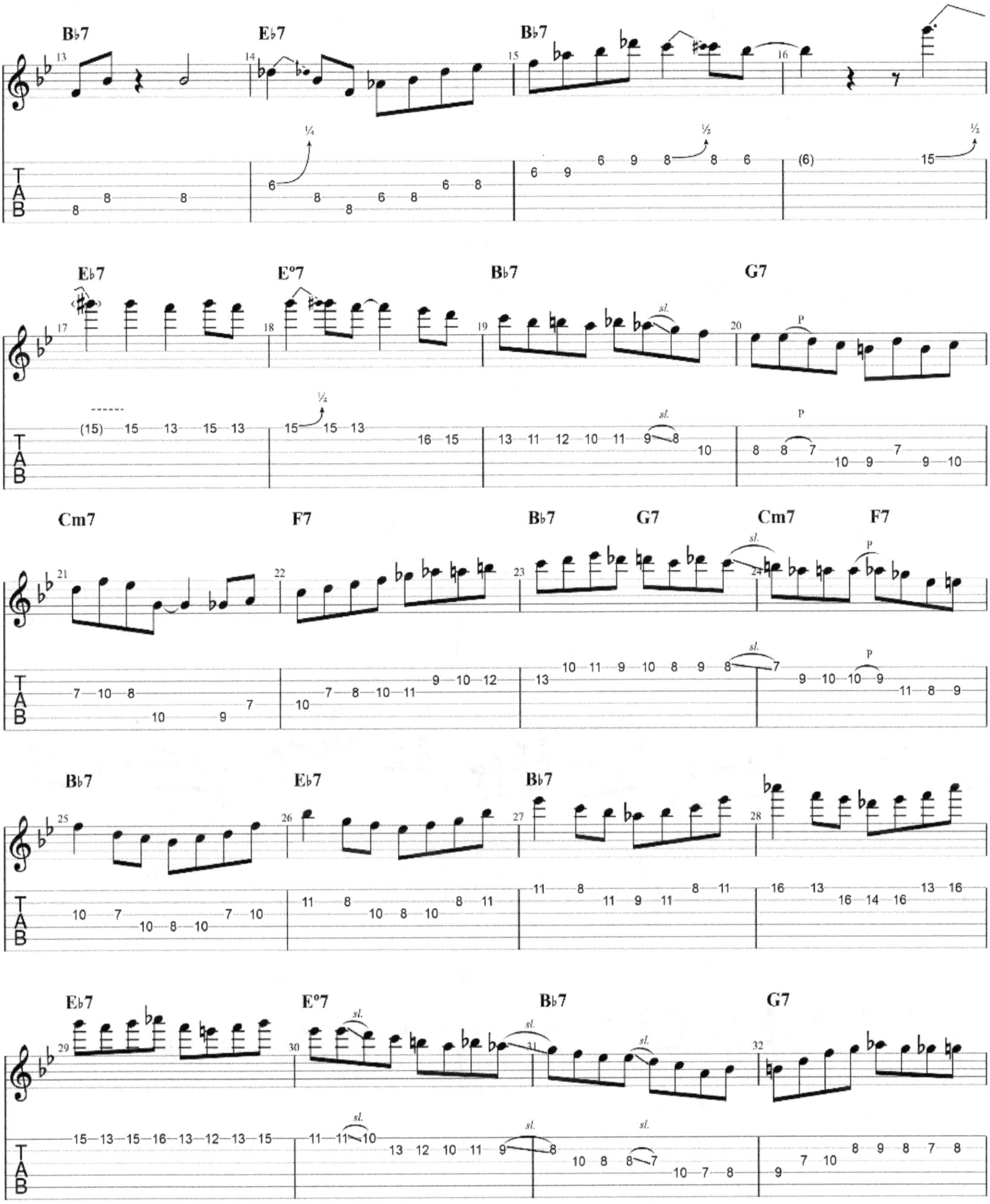
B♭7 E♭7 B♭7
E♭7 E°7 B♭7 G7
Cm7 F7 B♭7 G7 Cm7 F7
B♭7 E♭7 B♭7
E♭7 E°7 B♭7 G7
sl.
P

Cm7 F7 B♭7 G7 Cm7 F7
B♭7 E♭7 B♭7
full full full
E♭7 E°7 B♭7 G7
sl. P
Cm7 F7 B♭7 G7 Cm7 F7
sl. P
B♭7 E♭7 B♭7
sl.

E♭7 E°7 B♭7 G7
Cm7 F7 B♭7 G7 Cm7 F7
B♭7 E♭7 B♭7
E♭7 E°7 B♭7 G7
Cm7 F7 B♭7 G7 Cm7 F7
B♭7 E♭7 B♭7

Eb7
E°7
Bb7
G7
Cm7
F7
Bb7
G7
Cm7
F7
Bb7
Eb7
Bb7
Eb7
E°7
Bb7
G7
sl.
P
½
TAB

Cm7 F7 B♭7 G7
P
sl.
Cm7 F7 B♭7 E♭7
½
¼
B♭7 E♭7
E°7 B♭7 G7
sl.
Cm7 F7 B♭7 G7 Cm7 F7
sl.
P

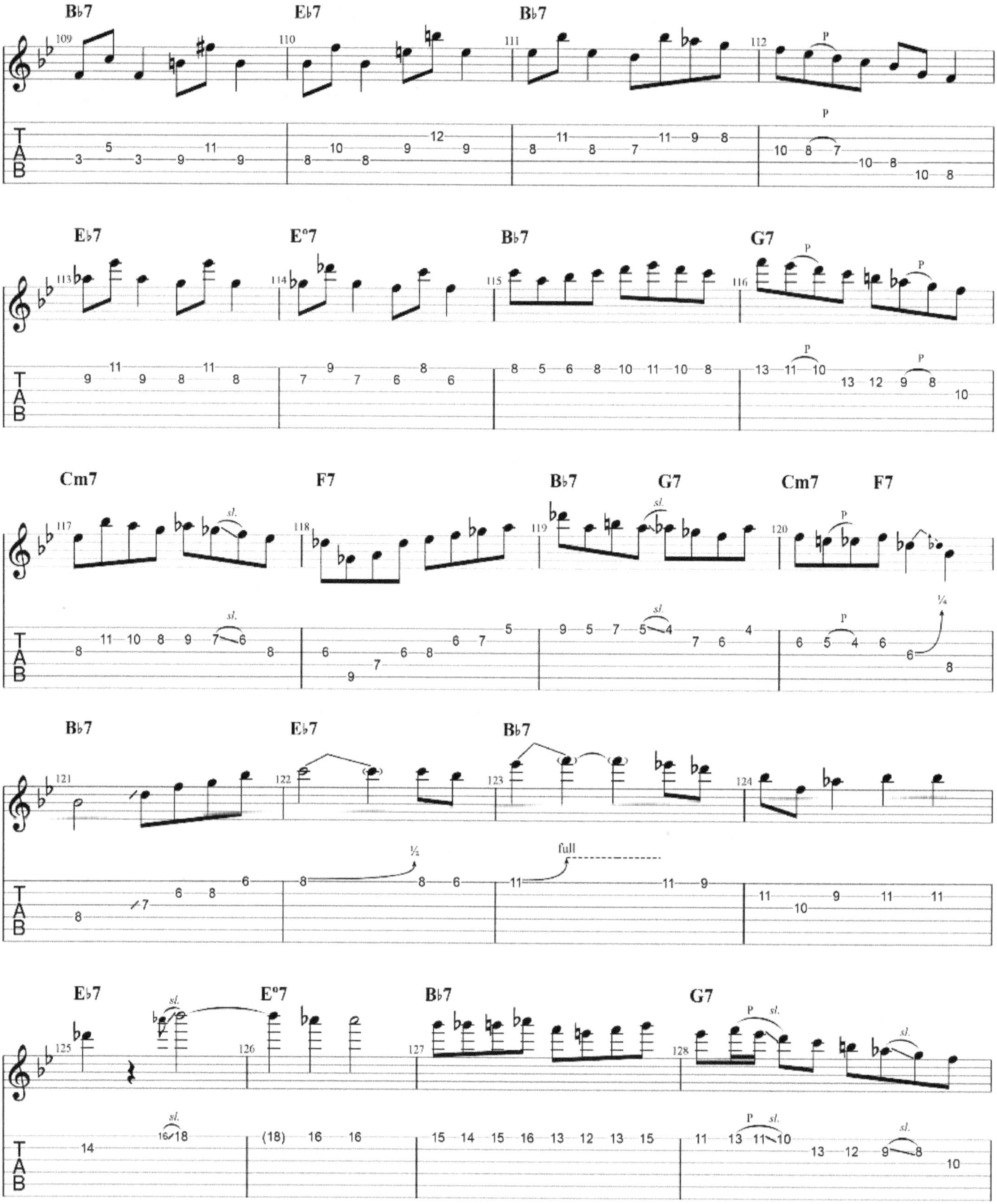
B♭7 E♭7 B♭7
E♭7 E°7 B♭7 G7
Cm7 F7 B♭7 G7 Cm7 F7
B♭7 E♭7 B♭7
E♭7 E°7 B♭7 G7

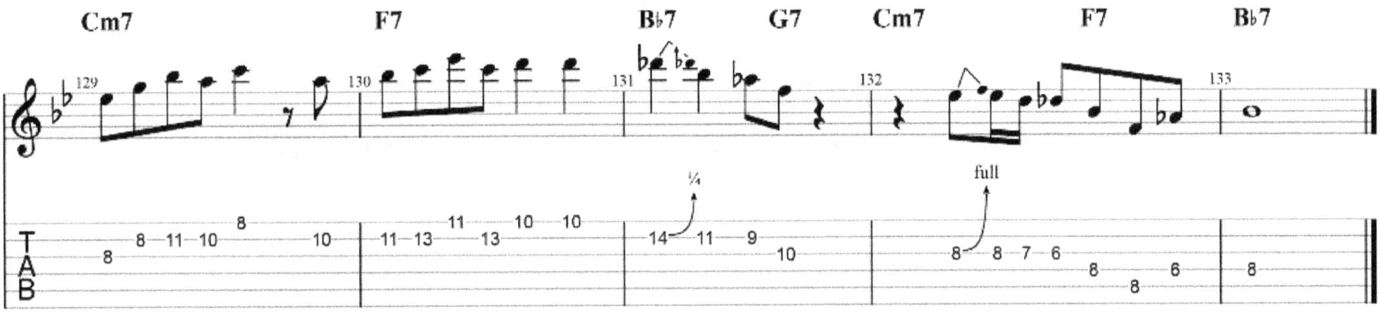
Cm7
F7
B♭7
G7
Cm7
F7
B♭7
¼
full

Fazit

Eine Sache, die ich im Laufe der Jahre viel gemacht habe, ist das Transkribieren von Solos anderer Leute. Zu Hause habe ich einen riesigen Stapel von Notizbüchern, voll mit den Transkriptionen, die ich notiert habe. Ich habe wirklich eine ganze Menge davon erstellt! Das Gute am Transkribieren ist, dass man, auch wenn man die Theorie hinter einem Solokonzept kennt, sehen kann, wie andere Spieler dieses Konzept umsetzen und das ist, was das eigene Spiel wirklich bereichert.

Jazz ist eine Sprache, daher ist es äußerst hilfreich, zu hören, wie andere Musiker sie sprechen. Anfangs lernen wir, indem wir kopieren, was andere gespielt haben, aber mit der Zeit machen wir uns diese Ideen *zu eigen*, lernen, sie auf unsere eigene, einzigartige Weise zu spielen, und entwickeln sie so weiter, dass sie ein Teil *unserer* musikalischen Sprache werden.

Zuerst transkribierte ich Gitarristen, die ich liebte, wie Joe Pass, Jim Hall und Wes Montgomery, weil ich dieses Bebop-Vokabular in mein Spiel einbringen wollte. Später konzentrierte ich mich auf Bläser wie Sonny Rollins, Sonny Stitt, Dizzy Gillespie und Michael Brecker, und auf Pianisten wie Chick Corea und McCoy Tyner.

Ein Blasinstrument zu spielen ist eine völlig andere körperliche Erfahrung als eine Gitarre zu spielen, so dass man durch das Transkribieren eines Bläsersolos Linien entdecken kann, die man auf der Gitarre nicht spielen würde. Ich habe zum Beispiel sehr viel gelernt, als ich Mike Breckers Ideen über einen Ein-Akkord-Vamp transkribiert und studiert habe. In ähnlicher Weise bedeutet die lineare Natur des Klaviers, dass melodische Linien und Akkorde auf eine völlig andere Art und Weise konstruiert werden, und wir können eine Menge lernen, indem wir diese Ideen auf die Gitarre übertragen.

Ich ermutige dich, die Musik, die du liebst, so viel wie möglich zu hören und die Disziplin zu entwickeln, die Soli, die du magst, zu transkribieren. Beginne mit Soli über Stücke, deren harmonische Struktur du wirklich gut kennst, damit du neue Wege lernst, durch diese Akkordwechsel zu spielen. Wenn man die harte Arbeit des Transkribierens erledigt hat, ist es erstaunlich, was man alles aufnimmt und welche Ideen hängenbleiben. Es ist die beste Methode, die ich kenne, um sein musikalisches Vokabular zu erweitern, neben dem Spielen mit so vielen verschiedenen Musikern wie möglich.

Meiner Erfahrung nach gilt: Je mehr wir kennen, desto mehr Vokabeln stehen uns zur Verfügung und desto kreativer wird unser Spiel. Außerdem macht es einfach mehr Spaß! In diesem Buch habe ich versucht, so viel wie möglich von meinem alterierten Skalenvokabular weiterzugeben. Nimm die Linien, die dir gefallen und integriere sie in deinen Stil. Mache sie dir zu eigen, verändere sie und spiele sie mit deiner eigenen Stimme. Schließlich solltest du immer versuchen, so viel *echte* Musik wie möglich mit Musikern zu spielen, die deine Fähigkeiten erweitern. Auf diese Weise wirst du viel schneller Fortschritte machen.

Es gibt in der Musik so viel zu lernen, dass es wirklich eine endlose Reise ist. Manchmal kann es frustrierend sein, wenn wir nicht sofort die Fortschritte machen, die wir wollen, aber insgesamt ist es eine wundervolle Reise!

Mein letzter Ratschlag: *Höre nicht auf zu lernen.*

Mike